山西省高校思想政治教育研究会

史盛 著

青年学子人文素养提升与历史阅读

山西出版传媒集团
山西人民出版社

图书在版编目（CIP）数据

青年学子人文素养提升与历史阅读 / 史盛著 .
太原：山西人民出版社，2024. 6. -- ISBN 978-7-203
-13443-5

Ⅰ .G40-012

中国国家版本馆 CIP 数据核字第 2024AQ3036 号

青年学子人文素养提升与历史阅读

著　　者：史　盛
责任编辑：靳建国
复　　审：吕绘元
终　　审：李　颖
装帧设计：中尚图

出 版 者：山西出版传媒集团·山西人民出版社
地　　址：太原市建设南路 21 号
邮　　编：030012
发行营销：0351-4922220　4955996　4956039　4922127（传真）
天猫官网：https://sxrmcbs.tmall.com　电话：0351-4922159
E - mail：sxskcb@163.com　发行部
　　　　　　sxskcb@126.com　总编室
网　　址：www.sxskcb.com

经 销 者：山西出版传媒集团·山西人民出版社
承 印 厂：天津中印联印务有限公司

开　　本：880mm×1230mm　　1/32
印　　张：8.75
字　　数：180 千字
版　　次：2024 年 6 月　第 1 版
印　　次：2024 年 6 月　第 1 次印刷
书　　号：ISBN 978-7-203-13443-5
定　　价：69.00 元

前　言

北京有名的正义祠戏楼前有一副对联：演悲欢离合当代岂无前代事，观抑扬褒贬座中常有剧中人。我想这副对联可能是为了提醒今天的芸芸众生，人类社会虽然经过数千年的世事沧桑和人事更迭，但永恒不移的是人心和人性。有哲人也曾断言："一切过往历史其实都是当代史。"旅美历史学家唐德刚先生指出，只有跨越历史的三峡，一个民族才能实现长治久安。而跨越历史的三峡需要一大批能够征服激流险滩的合格水手。作为国家中坚力量的青年一代，他们肩负着实现民族复兴和推动社会文明进步的重任，今天的年轻学子可谓推动中华民族跨越历史三峡的后备军。这支后备军在与激流险滩进行角逐时的必备素质包括豁达的胸怀、坚强的意志、广博的知识和开阔的视野。"以史为镜，可以知兴替"，回望历史就是从前人的人生经历中汲取营养，年轻学子需要

1

在这个过程中不断揣摩自省，奋力前行。

本书是我从事学生工作 10 多年来的一些感悟和思考。从大学生到研究生，我一直接受的是法学专业的训练和学习，记得在读研究生期间，我的导师常在我们耳边说："一个好的法律人应该是一位博雅之士，只懂得法律的法科生，最后往往会变成法律的敌人。"在师长的谆谆教导下，我的阅读范围从法学拓展到历史学、社会学以及宗教学等社会科学领域。"有心栽花花不开，无心插柳柳成荫。"让我略感意外的是，在非专业领域的阅读储备反而使自己在后来所从事的学生工作中获益良多。有一种观点认为，所谓科学，专指自然科学，因为科学的真谛在于求真；与之相对应的人文社会学科则在于教人向善。历史学、宗教学及社会学等就是研究人这种个体的社会特征，并倡导众生不断向善的学科。

基于自身的阅读经历和知识储备，我逐渐形成了独特的工作风格——用历史上真实发生的悲欢离合和忠臣义士的故事开导和激励学生："你委屈，有岳飞委屈吗？""同学们误解你的后果难道比崇祯皇帝误解袁崇焕的后果更严重吗？"我总是喜欢像这样，用生动的历史故事舒展学生紧锁的眉头；我也曾和学生讲，二战时同盟国军队为了迅速打败法西斯，将德国和日本的地表炸成了千疮百孔的"月球状"，所有学校都遭受了美军炸弹铺天盖地的蹂躏，然而，全日本的中小学在此后的一周之内依然完成了开学任务。英国前首相丘吉尔在视察战后德国街头时曾断言："大英帝国别说建设柏林，就是把柏林街头的碎砖烂瓦打扫干净，也至少需要 20 年的时间。"但是，20 年后的德国和日本都重新跃居发达强国之列。讲到这里，台下的学生纷纷陷入沉思……

　　本书共有十八节，有牵人思绪的故事，有闲来写就的漫谈，有动人心魄的激励，也有鞭辟入里的反思。愿本书的出版能够给正在追求文明进步的莘莘学子一些有价值的启迪和思考。

史　盛

2023 年 7 月

目 录

1

第一节

试论当代大学生
在民族复兴大潮中的历史使命

在实现民族复兴的道路上，作为当代大学生如何从祖国文化的发展脉络中正确认识自己的历史定位，进而承担起应有的历史使命，是本节着重探讨的议题。

中华民族的昔日辉煌：胸怀宽广的汉朝和宏博多彩的隋唐

在海外，当地人总把华人聚居区称作"唐人街"，唐装、汉服被认为是中国人的传统服饰。究其原因，恐怕与汉唐两朝是中华民族最具代表性的辉煌时期不无关系。在传统的农业社会，除了发达的农耕技术能成为体现综合国力的要素，相对繁荣的商业文化交往也是国力强盛的标志。

两汉时期，繁荣的丝绸之路已成为推动当时中华文明走向世界的一条坦途。汉宣帝神爵二年（前60），汉廷在新疆设立西域都护府，标志着新疆正式归属中原版图。之所以要在这里设立行政机构，是因为它打开了一条从中国到罗马的丝绸之路：从长安出发，经河西走廊、玉门关、阳关、敦煌，往南可以到达大秦；向北可以到达今天的俄罗斯、伊朗和哈萨克斯坦。汉武帝时，又开辟了海上丝绸之路：从广东沿海港口出发，向西经印度支那半岛和马来半岛，出马六甲海峡，到达孟加拉湾沿岸，最远到达印度半岛南端。沿着这条通道，中国的丝绸被运到西方，据史书载，罗马的执政官恺撒穿了一件绸子做的长袍上街，结果万人空巷。当时的罗马人没见过丝绸，便把这种质地的衣服称作"天衣"，并愿意付出大量钱财购买，导致中国的丝绸在西方与黄金等价。众所周知，中国是一个严重缺乏贵金属的国家，古代流通的货币都是铜铁铸造的。换言之，我国古代的金银主要靠进口获得，而换取金银的商品就是丝绸，丝绸及丝绸之路在当时的战略地位可见一斑。

此外，通过陆海丝绸之路，中国的造纸术、养蚕、铸铁、冶铁、灌溉等技术也传到西方。西汉时，由于铁器耕作技术的发明和灌溉技术的改进，极大地推动了农业生产水平的提高。生产力的提高又极大地促进了人口的增长，长安城成为当时世界上第一个人口超过百万的城市。先进的生产工具和生产方式传入中世纪的欧洲各国，无疑也极大地推动了当地生产力的发展和文化生活的繁荣。尤其中国的造纸术传入欧洲百余年后，一系列人文主义作品被印刷装订成册，在欧洲传播开来，如尼可罗·马基亚维利的《君王论》、马丁·路德的《九十五条纲领》、拉伯雷的《巨人传》、莎士比亚的《罗密欧与朱丽叶》、塞万提斯的《堂吉诃德》。这些作品的广泛传播又大大推动了文艺复兴运动在欧洲的历史进程。可以说，中国的造纸术为欧洲脱离黑暗的中世纪立下了不朽功勋。因此，丝绸之路的开通，不仅为汉朝经济的繁荣做出了巨大贡献，也为中华文明在世界民族之林光芒四射立下了汗马功劳。

魏晋南北朝之后，中国历史翻开了最华丽的篇章——隋唐时期。隋朝政权虽然二世而亡，但文武全才的隋炀帝依然因其独特的文治武功在中国历史上留下了浓墨重彩的一笔。隋炀帝在位期间，年号"大业"，意为要做经天纬地的事业。他完成了中国历史上的第二次大统一，为中国经济的大发展奠定了坚实的基础。正如《文献通考》所云："古今称国计之富者莫如隋。"由此可见隋朝之富庶，短短6年，完成了建东都、挖运河这样的浩大工程。[①] 由于中国的河流都是从西向东流向大海，这样的地理条件导致南北交通不便，而大运河的出现正好解决了这一问题，天堑变成通途。在20世纪初津浦铁路通车以前，这条运河一直是南北交通的大动脉。隋炀帝还推

① 建东都，是指把都城从西安迁到洛阳；挖运河，是指开凿了以洛阳为中心，北通涿郡，南达余杭的大运河，它是世界上建造时间最早、长度最长的大运河。

行了号称中国"第五大发明"的科举取士制度。该制度从大业元年（605）到光绪三十一年（1905），持续了整整1300年，极大地推动了社会文化的繁荣与进步，发展到后来成为欧洲近代文官选拔制度的雏形。

强隋之后有盛唐。唐太宗李世民的谥号为"文"，经天纬地曰"文"，意为李世民有经天纬地的文治武功。初唐，尤其太宗在位时，政治清明，经济文化继续向前发展，对外开放程度达到历史之最：陆海丝绸之路比两汉时期更加畅通，陆上丝绸之路从西安出发向东可以到达今天的朝鲜，向西可达印度、伊朗、阿拉伯及欧洲；由于手工业的发展，江西南昌出现了当时世界上最大的海船，海上丝绸之路的终端也因此从汉朝时期的印度最南端延伸至波斯湾。唐朝政府鼓励外来贸易，为外商在华居住和担任官职提供了便利。唐朝前期，通过科举取士担任官职的外国人人数高达3000，有波斯人官拜宰相、高丽人官拜大将军、日本人官拜秘书监监正。隋唐时期的中华文化辉煌灿烂、光照四邻，这有赖于国家的统一、经济的繁荣，不问门第、一视同仁的科举制度以及统治者开明兼容的文化政策。开明就必须兼容，而兼容则意味着相互学习、互通有无。

民族复兴的数字化探讨及近代中国落后于世界的主要原因

旅美历史学家黄仁宇先生在其成名作《万历十五年》中提到，近代中国落后的原因包括没有实现数字化的政府管理模式。具体到民族复兴这一宏大主题，实现民族复兴的数字化标准又是什么？在笔者看来，当然不必回到汉唐盛世，只要回到乾隆五十年（1785）之前的任何一年，就有望实现中华民族的伟大复兴。1785年，瓦特改良了蒸汽机，但欧洲的工业革命尚未完成。这一年，中国的国民生产总值占世界总产值的32%，欧洲主要11国的国民生产总值才占世界总产值的22%。

也就是说，我们传统的农耕文明在此时达到了一个前所未有的高度。但令人惊诧的是，短短55年之后，现实却发生了翻天覆地的变化：英国的国民生产总值已占世界的一半以上，与此同时的清王朝则基本可以忽略不计了。究其原因，1840年英国已经完成工业革命，从手工生产彻底变革为机器生产，而我们依然在代代相传的农耕文明中止步不前。于是，我们从"人手"的优势退化成"人口"的劣势。以前人多力量大，后来是人多消耗大。来自白山黑水的清王朝之所以能够入主中原268

年，主要原因在于他们深知能马上打天下而不能马上治天下，要想实现长治久安的良好局面，必须臣服于更为先进的儒家文明，于是他们便迅速"汉化"。可见，清朝统治者的明智之处在于认识到自己的快马弯刀只是夺取政权的手段，而汉文化中的"子曰诗云"和科举取士才是安邦之根本。

近世没落的根本原因在于清朝贵族在面对更加先进的文明时，畏首畏尾，止步不前。有学者认为，中国传统社会与近代社会的分水岭不是两次鸦片战争，而是中日甲午海战。清末思想家梁启超也讲："吾国四千年大梦之唤醒，实自甲午战争败割台湾，偿二百兆始。"两次鸦片战争之后，清廷中的开明派贵族掀起了以自强为宗旨的洋务运动，学习成效不可谓不显著。西方学者曾惊呼，大清帝国用了短短 20 年就完成了西方国家要用 500 年才能完成的由冷兵器时代向火药兵器时代的过渡。1864 年，曾国藩的湘军在攻克南京时还在射箭，到 1884 年中法战争时，清军已经装备上了清一色的洋枪洋炮。当然，洋务运动最出色的成果还是在当时引人侧目的北洋水师。据说 1888 年北洋水师成军时，其实力已是亚洲第一、世界第八。此说法诚然有夸张的成分，但此时中日两国舰队在技术装备上处于伯仲之间是客观事实。一种模式是否科学，必须交由实践来检验。

北洋水师成军 6 年后的甲午海战，给了清政府一个晴天霹雳。严复在评价该场战争时说："以寥寥数舰之舟师，区区数万人之众，一战而剪我最亲之藩属，再战而陪都动摇，三战而夺我最坚之海口，四战而威海之海军大替矣。"清朝臣民之所以如此悲愤，是因为自汉唐盛世以来形成的以中华文化为核心的亚洲政治格局，被 1000 多年前曾向我们求教的"小学生"——日本打破了。与此同时，西方列强对大清王朝的最后一丝敬畏，也在这一战之后成了永远的过去。实践证明，开明派士大夫通过洋务运动的模式来实现强国之梦不可取！而日本强国的宗旨则是"汉唐优越，我学习汉唐；西方彰显文明，就学习西方"。

继承和发扬中华文化优良传统是当代大学生实现中华民族伟大复兴的历史使命

汉唐盛世的形成得益于统治集团的文明开化，其以博大的胸怀吸纳来自五湖四海的文明成果；清王朝在统治初期也因善于学习（入主中原后迅速"汉化"）而实现了皇祚巩固之目的，统治后期则因止于学习而没能摆脱寿终正寝的命运；"东瀛蕞尔小国"日本之所以能够改写亚洲传统的政治格局，可归因于善于学习和敢于学习的民族精神。

新文化运动的"旗手"胡适先生在勉励当时大学生时说："各位同学爱国的前提，是先把自己铸造成器。"而为世人称道的"西南联大毕业生群体"，便是这种"把自己铸造成器"的最好诠释："联大"身处西南边陲，存在的8年当中，毕业生不过3000，但却是人才济济。新中国"两弹一星"事业的"23位功臣"名单里，有8位是西南联大的师生：邓稼先、朱光亚、赵九章、郭永怀、陈芳允、王希季、杨嘉墀和屠守锷；新中国成立后的两院院士中，"联大"师生占了164人；人文学科领域，诞生了冯友兰的《新理学》、陈寅恪的《唐代政治史述论稿》、汤用彤的《汉魏两晋南北朝佛教史》、钱穆的《国史大纲》、雷海宗的《中国文化与中国的兵》等传世之作。正如著名教授陈岱孙所说的："对国家民族的前途所具有的高度责任感，曾启发和支撑了抗日战争期间西南联大师生对敬业、求知的追求。"西南联大广大师生的钻研敬业精神其实就是中华民族不畏艰辛、敢于拼搏的优良文化传统在近代中国的具体体现。

习近平总书记强调："实现中华民族伟大复兴的中国

梦，需要一代又一代有志青年接续奋斗。广大青年要以国家富强、人民幸福为己任，胸怀理想、志存高远，积极投身中国特色社会主义伟大实践，并为之终生奋斗。"回顾历史，放眼世界，立足当下，展望未来，作为最朝气蓬勃、最富有创新精神的当代大学生群体，要胸怀中华民族伟大复兴的如山使命，将中华民族善于学习和敢于学习的优良传统发扬光大，向老祖宗学习，向前辈学习，学习他们善于批判继承文明成果的博大胸怀；向为新中国的建设事业立下了不朽功勋的西南联大的"老学长们"学习，学习他们在求学过程中心怀谦逊，把对学问的追求和对学术的研究看作自己的第二生命，不怕困难，勇于攀登，学习他们对国家民族的前途所具有的高度责任感，学习他们把对自我价值的实现自觉融入中华民族兴旺大业的过程当中，为中华民族的伟大复兴贡献自己应有的力量。①

---

① 史盛. 试论当代大学生在民族复兴大潮中的历史使命 [J]. 理论与当代，2017（3）：19—21.

第二节

引导高校学生弘扬优秀
传统文化是爱国主义的时代要求

欲亡其国，先亡其史。

一个国家的历史文化传统是该国区别于其他国家的根本特征。所谓一国的历史文化传统，是指一个国家传承久远的反映民族特质和风貌的文化生活及生产方式。通过引导学生把握祖国历史文化发展的脉络，能够使学生明白中华民族生生不息之源泉在于博大精深的传统文化，会让青年一代懂得、热爱和传承本国的优秀传统文化是践行爱国主义的最佳途径。

在全国上下"坚定文化自信"的背景下，引导大学生热爱优秀传统文化，是实现文化自信的必然要求。我们常说自己是五千年泱泱大国，有着悠久而灿烂的传统文化。所谓传统文化，多指盛行于汉族族群的有着悠久历史的儒家文化。而我们汉族族群生息繁衍的地域，大致在秦始皇统一六国后就已定型：东到东海，南到南海，北到长城，西到陇西（今甘肃省），约 400 万平方公里。原先只是在相对狭小的汉族族群中盛行的文化生活、生产方式却能在自我扬弃、自我发展中如核聚变般波及四周，并最终在广袤中华大地上形成独具魅力并延续至今的传统文化圈，这种文化延伸现象堪称人类文明史上的奇观。而引导学生把握优秀传统文化的精髓，承担起文化传承的责任便是本文着重探讨的话题。

儒家传统文化圈的形成

我们常把自己定义为炎黄子孙，以表明作为中国人的身份认同。从严格意义上讲，虽然炎黄子孙都是中国人，但中国人不一定都是炎黄子孙。一般认为，炎黄子孙是指以黄河流域为生活中心的部落族群的后代子孙，后来泛指整个汉族族群。而以儒家文化为核心的中华传统文化闻名于世界，始于汉唐之时，丝绸之路名扬海外，开元盛世光照千秋，贞观之治永垂青史。诸如此类的传统文明成果无一例外地扎根于炎黄子孙引以为傲的黄河流域。而每一次"盛世"出现的背景，都源于统治者虚怀纳谏，推行"仁政"！因此可以说，中国古代为推进经济文化发展而实施的劝课农桑、奖励耕织、安抚流民、兴修水利等措施其实就是儒家文化中"仁政"思想的具体化：仁政行、田野辟、户口增。所以，汉唐盛世的形成过程就是"仁政"理念的落实过程。在传统农耕文明中，一般的规律是某一时期某一地区的人口总量与经济文化发达程度成正比。中国台湾地区学者杨远曾指出："在我国的西汉时期，我国南方人口 2 470 485 户，占全国人口数的 19.8%，我国北方人口 9 985 785 户，占全国人口数的 80.2%，而关中地区（今陕西）的人口又占到全国人口的 40%。"① 由此可见,当时我国的经济文化重心位于汉族族群聚居区的黄河流域。而今天作为中国经济文化重心的江南地区,在魏晋南北朝之前可谓蛮荒烟瘴、人烟稀少的萧条之地。但在中国古代由于北方少数民族频繁侵扰中原内地,便形成了北方多战乱、江东保平安的社会现实。中国历史上有一个专有名词叫"衣冠南渡",指的就是汉民族为躲避北方数次战祸而进行的百万以上人口向南迁移,南迁的同时,他们也向东南及西南地区移植了先进的文化及生产生活方式。大规模的衣冠南渡始于西晋末年的永嘉之乱,继续于唐朝中后期的安史之乱,结束于北宋末年的靖康之变。正是这三次百万以上的汉民族人口大迁移推动了我国江南地区的大发展。尤其南宋政权建立后,在 152 年的偏安一隅中,经济文化出现了空前的繁荣。从政治制度上看,该时期以考察儒家文化为重点的科举取士制度进一步完善,中国社会完成了由贵族政治向平民政治的转型。"朝为田舍郎,暮登天子堂;将相本无种,男儿当自强。"宋人汪洙的《神童诗》正是对这种平民化政治生态的生动写照。南宋还是

---

① 杨远.西汉至北宋中国经济文化之向南发展(上)[M].台北:商务印书馆,1991:40—43.

中国古代学术思想的大繁荣时期，最明显的标志是新儒学——理学思想的诞生。程朱理学集大成者的朱熹是继孔孟以来最杰出的儒家学者，故而成为后世学子顶礼膜拜的精神偶像，同时成为南宋之后迄今为止，唯一能够享祀孔庙的"新儒圣"。南宋又是中国古代文学艺术的鼎盛时期。王国维认为："天水一朝，人智之活动与文化之多方面，前之汉唐、后之元明皆所不逮也。"① 宋词在南宋达到鼎盛，著名词人有辛弃疾、李清照、陆游等。南宋也是史学研究的繁荣时期，陈寅恪先生指出："中国史学莫盛于宋。"② 代表作品有南宋史学家袁枢的《通鉴纪事本末》、朱熹的《资治通鉴纲目》《伊洛渊源录》等。著名华裔学者刘子健认为："此后中国近八百年来的文化，是以南宋文化为模式，以江浙一带为重点，形成了更加富有中国气派、中国风格的文化。"③ 农业上，由于大规模的人口南迁，奖励耕织措施的落实促进了江南地区水田增加，水稻产量大幅提高。当时在太湖流域的苏州、湖州等地流传着"苏湖熟，天下足"的谚语。南宋时期的海外贸易也尤为发达，主要港口有泉州、广州和明州（今

① 王国维. 一个人的书房 [M]. 北京：中国华侨出版社，2015：67.
② 陈寅恪. 陈寅恪文集 [M]. 上海：上海古籍出版社，1981：39.
③ 杜新庆. 美国中国学家刘子健研究 [M]. 上海：华东师范大学，2015：51.

浙江宁波），东达日本、朝鲜，西至非洲一些国家，南宋帝国与印度洋北岸的阿拉伯帝国构成了当时世界贸易圈的两大轴心，美籍学者马润潮把宋代视为"世界伟大海洋贸易史上的第一个时期"[①]。儒家文化的繁荣、农业的发展、商业的兴盛，成就了偏安一隅的南宋，即使在"群狼环伺"的恶劣生存环境下，其年财政收入仍高达10 000万贯文。而在南宋政权覆灭300多年之后兴起的大明王朝可谓富有四海，但其盛世时的年财政收入也不过南宋时期的六分之一。直到1900年国家财政收入才达到南宋时的水平。

综上所述，南宋时期社会文化的极大繁荣标志着以儒家文化为核心的传统文化圈已扩展至我国江南腹地。因此，可以认为以儒家文化为核心的中国传统文化扎根于黄河流域，并于魏晋南北朝及两宋政权更替时社会大动荡、民族大融合的大背景下，在黄河两岸大江南北开花结果，并最终成为世界所称道的儒家传统文化中心。

---

① 马润潮 . 西方经济地理学之演变及海峡两岸地理学者应有的认识 [J]. 地理研究，2004（4）：22.

儒家传统文明向边疆地区的延伸

中国历史上，汉民族在与北方少数民族的交战过程中往往是败多胜少。但有一条亘古不变的真理——谁打败了我们谁就变成了我们，谁就认同了我们的先进文明和先进文化。契丹民族曾是中国的少数民族，北宋政权在与之交战的过程中屡战屡败，但宋辽澶渊之盟签订之后，边境上"生育繁息，牛羊被野，戴白之人，不识干戈"[①]，意思是头发都白了的老人一辈子没经历过战争。辽国第八任皇帝辽道宗饱含深情地说："吾修文物，彬彬不异于中华。"这里的"文物"指的是政治文化制度，意为我的政治文化制度和中华是一样的，我也是中华民族的一员。也就是说，随着时间的推移，契丹民族不断向汉民族学习并认同了先进的汉文化。铁木真自诩"成吉思汗"。"成吉思"在蒙古语里的意思是拥有四海，"汗"是皇帝，"成吉思汗"就是拥有四海的皇帝。成吉思汗的子孙建立了浩瀚无比的蒙古帝国，忽必烈在中原建立的元帝国疆域面积约2 200万平方公里。然而，如此庞大的帝国却排斥当时代表先进文明的儒家文明，废科举、贱儒

---

① 脱脱.辽史 [M].北京：中华书局，1996.

臣，在一定程度上走向了历史的倒退，不到100年的时间，元王朝便走向了末路。而清朝贵族同样是少数民族，在取得政权之后，积极迅速地汲取孔孟之道的精华，开科举、尊孔孟、尚文明，很快地融入中华大家庭中。中国传统文化中有祖宗崇拜的传统，"祖宗"最早在传统社会中被用作皇帝的庙号。一般来讲，一个王朝的开国之君称为"祖"、守成之君称为"宗"。但清王朝入关后的两位皇帝的庙号分别为"世祖"和"圣祖"：顺治帝庙号"世祖"是因为他是入关后的第一位皇帝；而康熙帝在死后尊享圣祖庙号，则是因为他在位期间将蒙古高原，我国西北、西南诸省及宝岛台湾都纳入了中华民族的版图之内，他可谓是中国历史上的"千古一帝"。

康熙帝执政期间，第一次正式在台湾岛上设立行政管辖机构，与沙俄政府在相对平等的基础上签订了中国历史上第一个具有国际法意义的条约——《尼布楚条约》。在国际法上，领土归属的法理依据，可以是两国缔结的双边条约，也可以是自古以来对某地进行有效管辖的历史记录。所以康熙帝的上述功绩在于为中国奠定了国际法意义上的现代国家领土和国界概念，同时奠定了新中国的领土基础。实事求是地讲，绝大多数清代帝王是饱读诗书、学富五车的汉学专家，典型代表就是以勤政而闻名的雍正帝。其在位13年，据说只给自己放假13天，唯有自己生日这天是法定假日，留于后世的文稿多达一千七八百万字，堪比畅销书作家。爱新觉罗的众子孙之所以能够在中原扎稳脚跟，就在于他们深谙靠武力征服天下的同时必须以先进的文化赢得人心。从这个意义上说，与其说是满族人统治了中国，不如说是被儒化的满族人在治理中国。换言之：满修文物，彬彬不异于中华。

引导大学生弘扬优秀传统文化的现实意义

明末著名思想家顾炎武认为："易姓改号，谓之亡国；仁义充塞，而至于率兽食人，人将相食，谓之亡天下。保国者，其君其臣肉食者谋之；保天下者，匹夫之贱与有责焉耳矣。"① 大意是政权更替，是亡国，保政权是统治集团的义务；而仁义道德、礼义廉耻等文化道统的断绝是亡天下，促使文化道统薪火相传是每个老百姓义不容辞的责任。数千年来，从西周到春秋战国，从两汉到五代十国，由宋元到明清，频繁的政权更替，华夏文明不仅没有因每次的更替而日渐衰退，反而一次次不断吸取

① 顾炎武. 日知录：卷十三 [M]. 北京：中华书局，1996：33.

教训而使其枝繁叶茂，并最终形成博大精深的以儒家文化为核心的中华传统文化，堪称人类文明的奇迹。梁启超认为，在大河文明的形成过程中，催生了四大文明古国：古代埃及、古代印度、古代巴比伦、古代中国。但只有中国把文明古国的文化脉络延续至今，其他三大古国早已湮没于滚滚的历史长河之中，令人扼腕叹息。

孔子作《春秋》时说："夷狄入中国，则中国之。"①意思是无论你的种族起源何处，血统归属何方，只要接受了中国传统文化就是中国人，因为只有中国的传统文化能够代表中国。上文提到的中华儒家传统文化圈的形成以及传统文化向边疆地区的扩展，其实就是对孔子这一论断的最好诠释。旅美历史学家余英时说："我在哪里，哪里就是中国。"由于在汉学领域的丰硕研究成果，2006年，余英时获得了有"人文诺贝尔奖"之称的"克鲁格人文与社会科学终身成就奖"。其代表作《士与中国文化》早已成为研究中国传统文化的学者的必备参考书目。在该著作中，余英时系统地论述了熟读传统经典著作的"士阶层"在传承中华传统文化过程中中流砥柱的作用：没有熟读四书五经之饱学之士，就没有传统文化之繁荣

---

① 李梦生. 左传译注 [M]. 上海：上海古籍出版社，1998：38.

昌盛。年近九旬的余英时仍然笔耕不辍，几乎把毕生精力都投入对祖国传统文化的研究与传播当中。作为传统文化的忠实信徒，由于祖国的文化传统已经融入血液、渗入骨髓，所以"我在哪里，哪里就是中国"也可以解读为，余英时先生身在哪里，他的中国传统文化研究成果就在哪里绽放，中国特色也将在他著作出现的地方大放异彩，因为只有中国传统文化能够描述中国！清华大学老校长梅贻琦的名言"所谓大学者，非谓有大楼之谓也，有大师之谓也"，已成为评判一所大学优劣与否的标准之一。正是在这一理念的指引下，中华民族才能在战火纷飞、物资短缺的艰难岁月创造出中国高等教育史上的奇迹——成功创办西南联合大学。但很少有人知道梅贻琦先生的"大师论"出自中国古代的"亚圣"孟子与齐宣王的对话："所谓故国者，非谓有乔木之谓也，有世臣之谓也。"[1]笔者认为，余英时先生的"我在哪里，哪里就是中国"是对孟子"世臣论"和梅贻琦先生"大师论"的继承和发展：每一个通晓传统文化的炎黄子孙都是"中国"。

国学大师钱穆也曾提道："任何一国之国民，尤其是

---

[1] 孟子 . 孟子 [M]. 北京：三联出版社，2013：148.

自称知识水平线以上之国民，对其本国以往历史文化，应该略有所知；所谓对其本国以往历史文化略有所知者，尤必附随有一种对其本国以往历史文化之温情与敬意；当信每一国家必待其国民具备以上诸条件者比较渐多，其国家乃再有向前发展之希望。"① 众所周知，古代中国判断一个人是否为饱学之士，主要依据是看其能否科举成功进士及第。而在中国存在了 1300 多年的科举制度，考察的便是一个人对四书五经等传统文化的掌握和理解程度。由于钱穆所处的民国时期传统文化式微，而西方自然科学和近代社会学科在中华大地上方兴未艾，是否为饱学之士的评判尺度已从传统的"贡士、进士"标准转化成西化的"硕士、博士"标准。因此如大声疾呼、实实在在对优秀传统文化予以继承，也许几代人之后，我数千年的华夏文明也将步其他三大文明古国之后尘，最终化作历史的烟云。梁启超在其《少年中国说》中讲道："故今日之责任，不在他人，而全在我少年，少年智则国智。少年雄于地球，则国雄于地球。"② 我们不妨把梁启超先生的话概括为：我们给子孙留下怎样的中国，取决

---

① 钱穆.国史大纲 [M].北京：商务印书馆，2010：1—3.
② 梁启超.饮冰室合集 [M].北京：中华书局，1989：129.

于给中国留下怎样的子孙。从血缘上讲，我们是炎黄子孙；从文化传承的角度来看，我们又是孔孟传人。"士"的传统要求我们当代青年学子应承担起传承优秀传统文化的责任；而中国能否永存于世界民族之林，又取决于最能代表华夏之魂的"子曰诗云"和"礼义廉耻"的儒家传统文化能否在我们青年一代大学生的心中扎根。再度重申孟子之名言："所谓故国者，非谓有乔木之谓也，有世臣之谓也。"通晓传统文化的青年学子就是能够支撑起我们这个悠久文明古国的"世臣"。一代明君唐太宗说："以铜为镜，可以正衣冠；以史为镜，可以知兴替。"[1] 皇皇《二十四史》勾勒出中华文化从产生、成长再到繁荣的过程。宋朝理学家张载的"横渠四句"——"为天地立心，为生民立命，为往圣继绝学，为万世开太平"[2]，激励了一代又一代的士子在弘扬优秀传统文化的道路上砥砺前行。张载的所谓"绝学"，指的同样是前文提到的汉文、汉字以及以孔孟之道为核心的儒家传统文化。所以，作为一名高校辅导员应该引导学生明白一个常识：时代在发展，生活方式也日新月异，但在这个万变的世界里，

---

① 刘昫. 旧唐书·魏徵传 [M]. 北京：中华书局，2000：163.
② 张载. 张载集 [M]. 北京：中华书局，1987：45—46.

不变的应该是在努力攻读自然科学知识的同时不忘对"仁""义""礼""智""信"进行潜心的研究。故而只有引导学生重拾古代士子们的传统，努力学习相关传统文化精华，努力把自己塑造成既掌握近代自然科学知识又熟悉儒家传统经典的博雅之士，这样才能使青年一代与古圣先贤心心相印，从而加深其自身的民族认同和文化认同。也唯有如此，才能使光照四方的中华优秀传统文化世世代代传承下去；才能像余英时那样自豪地说"我在哪里，哪里就是中国"；才能使我们深爱的中国和中华民族成为"永恒的存在"！①

① 史盛.引导高校学生弘扬优秀传统文化是爱国主义的时代要求[J].山西高等学校社会科学学报，2018（5）：87—90.

~ 第三节 ~

民族兴旺漫谈

中华民族的语言魅力与民族兴旺

我们经常引以为傲地讲，中华民族有数千年的灿烂文化。今天，我们就从文化的分支——语言的演变发展中窥探中华文化的奇妙。

古代，汉语以字为单位，比如今天经常说的"沐浴"，指的是洗澡。而在古代"沐"单指洗头，"浴"才是洗澡的意思。文化不断发展，语言也随之不断演进。汉语大发展的时期是在唐朝和晚近的民国时期。

唐朝，将外来词汇引入中土的途径主要是翻译佛经，比如大家比较熟悉的玄奘西去印度求取真经。史书记载，他往返17年，旅程5万里，所历"百有三十八国"，带回大小乘佛教经律论共520夹657部。后来，他耗时19年共译出经论75部，总计1335卷，大大丰富了汉语的日常词汇。比如，今人常说的"心心相印""一刹那""一弹指""天花乱坠""醍醐灌顶"等都来自对佛经的翻译。

民国时期也迎来了外来语发展的高潮，比如"政治""经济""干部""积极的""消极的"等词主要来自日语。而我们今天的官方语言——普通话，实际上是满语、蒙语和北方方言混合而成。从我们母语的发展脉络来看，语言文化的发展过程就是不断向周边国家和民族学习的过程。所以，怀有开放和包容的心态和胸襟，是一切伟大民族走向强盛的必备特征。

中华民族的服饰文化与民族兴旺

歌曲《我的中国心》中有这样一句，"洋装虽然穿在身，可我心依然是中国心"，道出了无数海外游子心向祖国的赤子之心，也传递出服饰自身所具备的独特文化内涵。

在我国古代，服饰与发型的改变是一个政权存亡绝续的象征。汉民族自称华夏民族，中原王朝的统治者经常说，北狄、南蛮、东夷、西戎，周围全是蛮夷戎狄这些少数民族。也就是说，在传统的中原王朝政权表述中充满了对周边少数民族政权的歧视。然而，前771年戎破镐京，西周灭亡。蛮夷戎狄开始入主中原，在这种情况下是管仲振臂一呼，尊王攘夷，打退了白狄等少数民族，保卫了中原的先进文明，孔子因此对管仲赞扬有加，说他最大的功绩是"微管仲，吾其被发左衽矣"。意思是如果没有管仲，我们恐怕要披头散发穿左衽的衣服了！这里的"夷"是指当时的某些北方民族，"被发左衽"是他们的习俗，而汉服是右衽，就是衣襟向右掩。当时，汉族和北方少数民族习俗不同，表现应该是多方面的，但孔子只提到发式与衣冠，也可见衣冠在孔圣人心目中占据十分重要的地位。

在汉民族中，襁褓，是指不满周岁的婴儿；孩提，二三岁；始龀，七八岁；而到了束发之年，也就是男子16岁时，汉民族的小伙子就不能再剪头发了，要一直保留到离世。所谓身体发肤受之父母，指的就是这个意思。中国的历朝历代，只要是汉族政权，无论是李唐还是赵宋，除了国号，服饰和起居饮食均不会有太大变化。毕竟代表中原地区最先进文化的始终是一脉相承的汉文化。所以明崇祯帝于煤山自缢时，自觉无颜见祖宗于九泉，就把头发披散下来，竟然能没过腰身。而从李唐到朱明，朝代更迭多次，由于都是汉族政权，右衽的服饰传统也未曾改变。

剃头匠这个行当始于清人入关后，睿亲王多尔衮把汉族臣民接受清人的外表服饰传统视为愿意臣服的标志，因而汉族百姓面临的便是"留头不留发"的残酷现实。前文提到"衣冠南渡"，经过多次的人口南迁，汉族同胞将先进的生产生活方式带到南方，江南地区才有了"文章锦绣地，温柔富贵乡"的美称。正因如此，江南汉族同胞认为是祖宗的福荫庇佑着他们，因而身体发肤受之父母的价值观不容践踏。当清朝统治者要求他们剃发易服时，江南地区上演了中国历史上极其悲壮的一幕："八十日带发效忠，表太祖十七朝人物；十万人同心死义，存大明三百里江山。"江阴方圆 300 里的百姓对剃发易服的政策抵抗了 80 天，全城慷慨赴死。清廷没想到南方汉人的抵触情绪如此强烈，为了安定民心，便提出一个折中政策——"八从八不从"。首先是男从女不从，男人必须剃发穿满人的长袍马褂，女子可以保留前朝的服饰。今天展示妙龄女子婀娜身姿的旗袍盛行于民国时期，清代女子的旗袍为水桶状，并不能展现身姿。其次是生从死不从，男子生前必须是满人的外表服饰，死后可以换成前朝的服饰入殓。再次是官从吏不从，朝廷官员必须是清代官服，衙门里的小吏可以延续前朝服饰。最后是俗从僧道不从。但到后来，随着时间的推移，汉族百姓发现清代统治者也遵循儒家传统文化，也开科取士，其文官模式在很大程度上继承了旧制，便也慢慢接受了满族同属中华民族，蛮夷的称谓也就与他们无关了，今人也把长衫和旗袍看作传统服饰。同样的道理，清朝满族融入中华民族，那赖以生息繁衍的东北沃土也就自然并入中华民族的版图之内，成为祖国领土神圣不可侵犯的一部分。从民国时期到中华人民共和国建立，国人还将中山装视为传统服饰。中山装，顾名思义是由孙中山先生设计并倡导推行的。中山装被中山先生赋予了深刻的政治内涵和其伟大的政治寄托：中山装的一行扣子共五颗，象征"中华民国"成立时颁布的《五权宪法》；袖子上的三颗扣子，象征着中山先生所主张的"三民主义"；衣服上的四个衣服兜，象征传统文化中的"礼义廉耻"，也是中山先生眼中的国之四维；四个衣兜的"倒山型"兜盖儿，象征以文治国。经过仔细梳理我们发现，无论是语言文化，还是服饰文化，中华民族自古以来就有吐故纳新的变革意识，没有所谓一成不变的传统。文明古国，其文明的真谛就在于与时俱进。

中华民族的诗词文化与民族兴旺

曾有哲人做出非常经典的概括："读史使人明智，哲学使人善辩，诗歌使人聪慧。"中华诗词的博大精深同样能传递出中华文化欣欣向荣的文化特质。在浩如烟海的诗词文化中，笔者最喜欢的要数北宋词人柳永的《雨霖铃》和南宋著名思想家陈亮的《水调歌头·送章德茂大卿使虏》。两宋时期可谓中华文明发展史上的一个高峰时期。这一时期，中国的海外贸易和对外交流在以往的基础上又得到长足的发展，可谓盛况空前。由于海外贸易的繁荣与发达，开明的两宋政权也在大力推行藏富于民的统治政策，促成了中国经济文化的空前繁荣和富庶。据史料记载，北宋政权最鼎盛时，其财政收入占到当时世界总产值的 80%；南宋虽然是偏安一隅的割据政权，但其财政收入在最强盛时期也能达到年收入一亿贯的水平。这个数字可谓中国古代王朝经济增长的顶峰，直到数百年之后的 1900 年才达到同样的水平。不能忽略的事实是，1900 年已有近代工业为国家财政收入贡献力量了。虽然在两宋政权治下，社会经济富足、文化繁荣，但军事实力相对于北方游牧民族来说差距很大。原来归属大宋的大片疆域沦陷于北方少数民族政权的铁骑之下，两宋政权被迫向游牧政权称臣纳贡。陈亮的《水调歌头·送章德茂大卿使虏》便是在此背景之下为代表南宋政权北上出使金国的章德茂大卿做的壮行词。词的上阕："不见南师久，漫说北群空。当场只手，毕竟还我万夫雄。自笑堂堂汉使，得似洋洋河水，依旧只流东？且复穹庐拜，会向藁街逢！"重点欣赏下阕："尧之都，舜之壤，禹之封。于中应有，一个半个耻臣戎！万里腥膻如许，千古英灵安在，磅礴几时通？胡运何须问，赫日自当中！"①
下阕一开始，就展现了恢宏的气势，谈到北方大片国土
沦丧于金政权之手。中原民族是传自尧、舜、禹的伟大
政权，虽然现在战败了，但是如此泱泱大国的子民，总
会有几个耻于向北方少数民族政权称臣的人吧？虽然山
河沦丧，"万里腥膻"，但"千古英灵"即祖宗的英灵，
会护佑着我们。什么时候，雷霆万钧的磅礴之气才能立
于天地之间？作者对此有愤慨，有焦虑，有期许，但并
不悲观。因为"胡运何须问"，敌人最后的败局是注定的。
"赫日自当中"，只要太阳不灭，汉民族的文化血脉就将
永立于天地之间生生不息。立足今日，回顾往昔，不难
发现游牧民族军事力量的强悍只是昙花一现，而博大精
深的中华文化却顽强地传承了下来，并于世界民族之林
大放异彩。所以说，武力最短命，文化才永生。中华民
族的兴旺在于实现中华文化的永恒。

---

① 诸葛忆兵. 宋词三百首 [M]. 哈尔滨：北方文艺出版社，2020：309.

~ 第四节 ~

辛弃疾的国家主义风范

《三国演义》中甘露寺刘备娶亲的故事大家都耳熟能详，这个甘露寺就坐落在今天江苏镇江的北固山上。北固山之所以名扬天下，与大家熟悉的一位词人有关。来看他的这首名作：

> 何处望神州，满眼风光北固楼。千古兴亡多少事？悠悠。不尽长江滚滚流。
>
> 年少万兜鍪，坐断东南战未休。天下英雄谁敌手？曹刘。生子当如孙仲谋。

没错，这位词人就是大名鼎鼎的辛弃疾。当时，他北望长江中原故土，想起三国时代的往事，想起孙仲谋率兵北伐，恢复中原匡扶汉室的往事，心潮澎湃地写下了这首词。那么他当时为何身处北固山呢？这要从辛弃疾的成长背景说起。

辛弃疾的祖籍在山东历城，也就是今天的济南。他出生时，山东已经被金国占领，但沦陷区的广大汉人仍把宋朝视为祖国。于是，北方大部分世家大族为了不陷入夷狄的统治，就迁往南方。但辛弃疾一家并没有走，父祖辛赞甚至在金朝做了官。但他是身在曹营心在汉，不断提醒后辈"我们的祖国在宋朝"。女真民族入主中原后表现得也较为残暴，不可否认的是，他们的文明程度远远落后于汉文明，所以中原的义军不断起兵反击。齐鲁大地自古以来就是出好汉的地方，辛弃疾就参加了一支山东的义军。义军发展迅猛，却出了叛徒，并且叛徒杀害了义军的领袖耿京。辛弃疾得知这件事后，轻车从简仅带数人闯入敌营，杀掉了叛徒，为主帅报了仇，随后他带着义军余部渡过淮水，投奔了南宋政权。辛弃疾晚年有一首词就是回忆当年自己的这个义举：

> 壮岁旌旗拥万夫，锦襜突骑渡江初。燕兵
> 夜娖银胡䩮，汉箭朝飞金仆姑。

可惜的是，这样一位文武全才的爱国主义者在南宋朝廷并没有得到重用，最高官职为从四品，仕途多舛。何故？一方面，南宋朝廷并没有收复中原故土的决心；另一方面，金国的军事实力的确很强大，令南宋望尘莫及。还有一个原因就是在南宋人眼中中原故土已沦于腥膻之手，原先的先进文明已遭到很大程度的破坏，即便收回来也于国无补，大量的人口需要朝廷养活，税收难以保障，徒增朝廷的负担。辛弃疾一门心思要收复故土，却没有猜中朝廷的心思，仕途怎么可能顺畅，被罢官也是意料之中，最长的一次达 10 年。另外，朝廷并不相信辛弃疾，他是从金国领地逃到江南的汉人，按照当时的说法叫"归

正人"。因此，辛弃疾满腔壮志不得酬，经常北望中原故土潸然泪下。北固山上有一副对联就用了这个典故：

气吞吴楚看六代枭雄此处曾留霸业

浪涌乾坤探千秋骚客斯楼独望神州

辛弃疾被贬担任镇江知府时，经常来到祭江亭，然后北望神州眺望中原故土。陆游当年也发出过类似的感叹：

三万里河东入海，五千仞岳上摩天。

遗民泪尽胡尘里，南望王师又一年。

死去元知万事空，但悲不见九州同。

王师北定中原日，家祭无忘告乃翁。

当时，宋金已成对峙之势，金世宗完颜雍在位时，金国的汉化已经彻底完成。完颜雍号称北国"小尧舜"，是当时少有的明主圣君，所以北方很多汉族世家大族也心甘情愿为金国服务，这样一来，收复中原的大业更是遥遥无期了。备感失望的辛弃疾在宋宁宗开禧年间终于等到一个机会。当时掌权的大臣叫韩侂胄，官拜太师，领尚书、中书、门下三省事。他有封王拜侯的野心，却缺少相应的功劳，于是伐金被提上日程。从北方逃到南方的汉人对韩侂胄讲，金国如今极度疲弱，加之蒙古鞑靼对其北疆形成不小的威胁，大宋此时出兵必定能一举收复中原。韩侂胄为此没少造势，唯独没做好军事准备。当时辛弃疾已经 64 岁，韩侂胄令他出任镇江知府、枢密院都承旨。辛弃疾高兴坏了，终于等到精忠报国的机会。陆游更兴奋，当时都 80 多岁了，还激动地给韩侂胄写长诗赞扬他。当时的金国皇帝章宗完颜璟号称词追李后主、字比宋徽宗，但毕竟有马上民族的基因，战斗力不减，宋军一直处于下风。陆游在诗里也承认这个事实：

和戎诏下十五年，将军不战空临边。

朱门沉沉按歌舞，厩马肥死弓断弦。

宋军几十年没打仗了，金兵却连年跟北方的蒙古军作战，锻炼出了一大批能征善战的将领。当时金国兵分三路，宋军刚出国境线就遭到迎头痛击。金军一举攻入南宋境内，准备灭掉南宋政权。但鉴于北方蒙古政权日盛，金兵不愿两线作战，便主动与南宋议和，要求南宋增加赔款，严惩主战派，将韩侂胄斩首并移交其首级。昏聩无能的南宋政权接受了这样的议和条件，北伐失败。有感于此，辛弃疾留下了这首千古绝唱：

醉里挑灯看剑，梦回吹角连营。八百里分麾下炙，五十弦翻塞外声，沙场秋点兵。

马作的卢飞快，弓如霹雳弦惊。了却君王天下事，赢得生前身后名。可怜白发生！

写完这首词的第二年，辛弃疾就去世了，到死也没能魂归中原故土。所以古人与今天的大部分人相比，最大的不同就是后者只看眼前利，而前者更多的是看身后名。他们只问正义与否，而今人多问成功与否，却不管成功的方式方法是否合理合法，所以辛弃疾的故国情怀特别值得当今的莘莘学子细细品味。

一代儒生范仲淹

秋末冬初，江南的天气仍很宜人，无边落木纷然而下，有些落寞，但天空依然高远，青山依旧凝绿，是北方的萧瑟之气所不能比的。放眼苏州城乡内外，绿水白波，涟漪荡漾，丰盈不减；山色不寒，层林尽染，仿佛五彩着色，树头枝梢，微风摆叶，绿意犹存。一片青色苍茫之中，天平山下的枫叶突然燃起一片火焰，在风中猎猎飞扬。茶磨山人顾禄在《清嘉录》中这样礼赞天平山红枫："郡西天平山，为诸山枫林最胜处。冒霜叶赤，颜色鲜明，夕阳在山，纵目一望，仿佛珊瑚灼海。"

天平山在苏州西郊 18 公里处，因山顶平正，故名。宋人朱长文在《吴郡图经续记》中说它："巍然特高，群峰拱揖，郡之镇也。林木秀润，瞻之可爱。旧日苏州人赏枫，需从城里乘船自胥江而上，在木渎折北下沙河，逶迤四里，在水尽处登岸。穿越田塍，于竹篱茅舍的村落中遥望天平山，青松翠柏中枫林挺立，霜叶尽赤，天气微暖，霜未著树，红叶参错，颜色明丽可人。"①

今天人们去天平山，驾车穿过苏州新区宽阔的街道朝西疾驰，可以直抵公园大门口。天平山脱去了昔日荒芜不整的衣衫，将田园风光、农村野趣，纳入现代文明

---

① 朱长文. 吴郡图经续记（三卷）[M]. 南京：凤凰出版社，1999：121.

的圈囿之中。远远望去，只见片片丹霞聚在苍劲的枝端树梢，公园的院墙已无法圈住那燃烧的激情，那丹霞有如天地之间的浩然正气，殷殷如血，直上苍穹，染红天宇。

初冬的风有些峭拔，落叶在脚下回旋，满地黄花堆积，仰望天平山依旧苍茫一片。秋冬交错的时节，菊花的傲霜和红枫的赤彤是自然界最可聊慰和鼓舞情怀的物候。吴中诸山，多与吴越春秋关联，灵岩山、姑苏台有西施的传说，即便是虎丘也有一座贞娘墓。天平山却与女性无关，它肃穆而又崇高，与之相关的为北宋范仲淹的胜迹。

苏州人视范仲淹为乡贤，文正公本人也自认为是吴人，但他的祖籍是陕西邠州，出生地也不在苏州，而在徐州。《水东日记》中有"范氏家谱世系"的记载，范仲淹在皇祐三年考订家谱时，整理出这么一段话："吾家唐相履冰之后，旧有家谱，咸通十一年，一枝渡江，为处州丽水县丞，讳隋。中原乱离，不克归，子孙为中吴人。"原来范仲淹是唐相范履冰的后人，高祖范隋于870年渡江来南方做官，由于晚唐时局动荡，遂留家吴中，这一脉的子孙就成了吴县人。

父亲在徐州任武宁军节度掌书记时生下范仲淹，两年后不幸病逝，母亲贫而无依，不得不携子改嫁长山朱姓人家。范仲淹也从朱姓，直到成名之后，遵母命复姓归宗。他是一个刻苦学习的好青年，曾在醴泉寺僧舍读书，"日作粥一器，经宿遂凝，以刀画为四块，早晚取二块，断齑数十茎啖之，如此者三年"，这就是有名的"断齑划粥"的故事。后来，他移至南都学舍，昼夜诵讲，五年未尝解衣就枕。这种苦学精神与"头悬梁锥刺股""囊萤映雪"相仿。为了挤出更多的时间读书，他一天就吃两顿，主食是粥，菜则是几根少盐的咸菜，然后将有限的时间用到读书学习上。在南都学习时宋真宗驾临南京，那是地方上少有的盛事，同学们纷纷前去看热闹，就他不去，依旧专心读书，并说"异日见之未晚"。意思是以后面见圣上也不晚，渴望金榜题名之心昭然若揭。多年的苦学结出了硕果，大中祥符八年，乙卯科，27岁的范仲淹进士及第，开始了自己的政治生涯，以行动践行自己的理想抱负。

天平山下右侧是忠烈庙，庙前有"忧乐"牌坊。范仲淹的一大业绩是镇守西北，抗御西夏的入侵。他以陕西经略副使兼知延州的身份，在西北戍边4年，外刚内和，恩威并重，连对手也称赞他：此小范老子胸中有数万甲兵。他那苍凉悲壮、慷慨生哀的《渔家傲·秋思》

至今仍是激动人心的悲壮之歌：

> 塞下秋来风景异，衡阳雁去无留意。四面边声连角起，千嶂里，长烟落日孤城闭。
>
> 浊酒一杯家万里，燕然未勒归无计。羌管悠悠霜满地，人不寐，将军白发征夫泪。

这首词把外溢的英雄气概和戍边将士的内心情愫，混合成一种既刚且柔、既壮又哀的审美情状直捣人们的心房，在如此高吟低回的歌谣里，范仲淹矫厉特异的才能突显出来。金人元好问心悦诚服地推崇他，"在布衣为名士，在州县为能吏，在边境为名将。其材、其量、其忠，一身而备数器。在朝廷，则又孔子所谓大臣者，求之千百年间，盖不一二见。非但为一代宗臣而已"。这个评价并非过誉，在北宋那个屈辱的年代，少有范仲淹这样多才多艺且忠心赤胆的人物。生前，豳州、庆州的民众即为他建了生祠；死后，祭祀之举移到天平山下，宋徽宗给了"忠烈"的赐额，以天平山范文正公祠"先忧后乐"牌坊及"济时良相""学醇业广"的悬匾。这是一座楸木成荫的纪念堂，正中供奉着范仲淹的塑像，两旁还有他4个儿子的龛塑。庙内院中池水一泓，中架小桥，显得相当清幽。忠烈庙前是"忧乐"牌坊，花岗岩柱石，两道横梁上横镌刻着"先天下之忧而忧"，下横刻着"后天下之乐而乐"。这是 1989 年新立的一座牌坊，依范庄前的牌坊而建。除存世的诗词外，"先天下之忧而忧，后天下之乐而乐"两句无人不知、无人不晓，已经成为范仲淹的精髓。此句出自雄文《岳阳楼记》，是他在庆历六年 58 岁时应友人而写的文章。在这篇传世之作中，他把自年轻时就不断诵念于口、于心的句子，以文字的形式昭示天下。从此，在中国传统道德教义和认知范围内，多了一条经典的箴言。

中国传统知识分子少有不谈"以天下为己任"的，但如范仲淹这样提炼得如此精当，实在是前无古人。《岳阳楼记》是范仲淹人格精神的写照，更是中国传统文人精神取向的宣言。人的情绪是会随着环境的变化而变化的，在满目萧然时会感极而悲，在心旷神怡时会喜气洋洋，所谓"感时花溅泪，恨别鸟惊心"，文人尤甚。但是所有这些因时因地而发生的情愫变化里，应有一种不可动摇的支撑点，那就是"先天下之忧而忧，后天下之乐而乐"！范仲淹把从屈原开始的文人精神提升到更新的认知层面，凝聚成有识之士都应为之遵循的道德和处世准则。这种忧乐观，是啸傲于天地之间的一种正气，确立了一种士大夫人格追寻的高标准。人只有立奇志、大志，并付诸实践，才会释放才华，提升自己的道德水准。无法想象没有远大抱负之人会有大事业、大成就，会对人类事业做出贡献。范仲淹的一生并不顺利，但他于所到之处，都尽力为民请愿，具有实干精神。后人评价他："文正公之勋德，被于海宇，凡平生所至之地，后人皆为立名号，建祠宇，以示不忘。"事实的确如此。他知苏州，疏导诸水，东南入松江，东北入扬子江，在福山置闸，人称"范公闸"；常熟有范公祠，吴江有范文正公祠；河南邓县有景范楼，百花洲上有文正祠；湖南澧县有文正公读书处；在泰州监西溪盐仓，筑海堤200余里，以防海水倒灌，民众为之立庙；在西北防御西夏有方，庆州人为他建忠烈庙；安徽广德有思范亭；浙江睦州有文正公祠堂；州洋溪有范公泉……民众自发地以各种形式来纪念、怀念他，可见其人格魅力之强。所有这些都应视作他以天下为己任、关心国计民生、为政清正廉洁的亲力实践结果。"忧乐"牌坊是这种精神的外化存在。站在牌坊下，默诵600余字的《岳阳楼记》，心中更为看重的则是"不以物喜，不以己悲"这两句，居庙堂之高和处江湖之远，忧君忧民，是政治家的风范。对于一般人来说，人格修养的高境界是不浅薄、不自卑，宠辱不惊，看庭前花开花落，望天上云卷云舒。只有如此，立身才更为牢靠，在社会分工细化、竞争激烈、生活节奏加快的现代社会，才不会迷失自我。

范仲淹为范隋的四世孙，范隋及其下三代的坟都葬在天平山的左侧。宋庆历四年（1044），范仲淹因祖坟在此，奏请天平山下的"白云庵"为"功德香火院"，用改名为"白云寺"的香火钱护育山上楸木。宋仁宗干脆将整个天平山赐给他，故天平山也叫"赐山"。白云寺的东侧是著名的天平山庄。明万历三十八年（1610），范仲淹十七世孙范允临弃官从福建回苏州，在山下修筑了这座山庄。庄内厅堂、楼阁、亭台、榭、桥、池、祠布置得十分妥帖，主体建筑高义园的歇山式大殿，在苍翠的山色映衬下，显得分外肃穆；庄前十景塘，贴水一座石桥，弯曲伸向东岸。这是一处具有自然风景的人文景观，大气恢宏又不乏精致典雅。范允临将辞官时从福建带回的380株枫香树苗，遍植于山庄和忠烈庙附近的空隙之处。400余年的时间，沧桑岁月夭折了近半数的小树，留存下的已经躯干合围，枝繁叶茂。霜降时节，枫香树的叶子红了，远远望去，红色层层浸染，这横亘在青山白云间的枫叶流丹，应是范仲淹的后人在对先贤表达崇敬，体悟他"碧云天，黄叶地"的辞章妙句。

十景塘南岸的一座小亭是接驾亭，再往南是汉白玉的高义园牌坊。乾隆十六年（1751）乾隆帝南巡至此，御笔亲题"高义园"三字金匾悬于殿堂。"高义园"典出杜诗"辞第输高义"。天子的表彰是对这种价值观的认可，也是社会风气的取向动员。范仲淹的"辞第"，是牺牲自我利益，关注族人生存状态的一种慈善行为，也就是俗话所说的义举。北宋景祐元年（1034），46岁的范仲淹"自睦改苏"，刚刚在睦州的任上坐下，就奉诏改任苏州。回乡任职，首先碰到的棘手事便是"灾困之氓，其室十万，疾苦纷沓"。他倾力营救，但是成果并不显著。许多灾民，自然也包括他的族人在内，受灾面之广和程度之深不能不引起父母官的深思。于是在这年秋天，也是人生的秋天，他做出了一个勇敢的决定，倾其所有，"置义田里中，以赡族人"，让他们"日有食，岁有衣，嫁聚凶葬皆有赡"。为了管好所置义田，他捐出自己的祖宅，改建为范氏义庄。所谓义庄，按照范仲淹之子范纯仁的说法，就是"州田顷。其所得租米，自远祖而下诸房宗族，计其人口，供给衣食及婚嫁丧葬之用，谓之义庄"。为了管好义田，范仲淹拟定了若干规矩，其后范纯仁做了进一步补充、明晰，并奏请朝廷编类刻石，立在天平山白云寺范仲淹祠堂的一侧。

这是一个开创性的举措，有人称之为"此其一事已足为百世师矣"。尽管这座义庄只是面对范姓族人的，但卓有成效，绵延实行了近200年。范仲淹的这一举动对时人和后人的影响极大，不少人跟随他的步子，学做善事，终不若他的规范和行之有效。范氏义庄昔日的规模极大，有忠厚堂、岁寒堂、书院、祠堂等，包括管理机构以及供族人子女读书学习的场所。千年以降，"中更兵毁，族党星散，故基榛芜，编民豪据为居宇，为场圃，傲直无几，甚失遗意，粟无所储"，如今只余下享堂，一座白墙黑瓦、红柱红门的五开间建筑，在阳光下静静伫立。这是范仲淹心忧天下的一个证明。在这个忧人之忧的举动和推己及人的博爱方式中，我们可以看出范仲淹对自己少年时的艰难经历是怎样的刻骨铭心，也可以感知他在年轻时萦念心中的志向抱负是何等强烈。

范仲淹的这种慈善行动，是人类"善"意的光大，是不分时代新旧和时空阻隔的。他的个体生命，在这个义举中赢得了与岁月同在、精神不朽的无限长度。范仲淹在苏州为官的第二年，捐建斋室22间，创办了东州府学：在县东南三星庙基上设立吴县县学，从教育入手，提高民众的整体素质。

这同样是一个具有开创意义的举动。自那以后，府学、县学、学塾、书院相继创办乡学，各级地方以办学为荣，从上至下在这个根本大计上取得了一致认识。读书的风气推行开来，苏州地区的应试举子越来越多，成就也越来越大，进士及第的人数跃居全国第一，吴人的好学精神蔚然成风，绵延不绝。这就是"吴郡自古为衣冠之薮。中兴以来，应举之士，倍承平时"的由来。

明人的《寓圃杂记》谈及苏学之盛时说："吾苏学宫，制度宏壮，为天下第一，人才辈出，岁夺魁首。近来尤尚古文，非他郡可及。自范文正公建学将五百年，其气愈盛。岂文正相地之术得其妙与！"这是中肯的言论，一个立根立本的倡导对后世的影响是无限深远的，文化贡献的最大化莫过于此。

苏州府学与孔庙连在一起，又称文庙、府学、学宫，位于苏州城南，沧浪亭的西面。自范仲淹之后，历代都在其址上增修扩建，宋理宗淳祐年时拥有屋宇213间，可谓规模宽宏，有棂星门、门厅、大成殿、戟门、崇圣祠、明伦堂、泮池桥、东西长廊等。大成殿尤具气势，重檐庑殿顶，是苏州仅次于玄妙观三清殿的大殿。

"先忧后乐"作为一种思想准则，范仲淹以实际行动予以践行。他所主持的庆历新政正是从这一认知角度出发的政治变革，想在更大更广的范围内按照这一理想模式，为民众做更为有益的事情，具体到措施上：一是所至之处，多为民众做实事、善事，在家乡倾其所有设立义庄进行慈善事业；二是奏请设立学堂制，从教育入手，改变以往好武之风，这不仅是一族的事，更是关涉整个民族的大事。族人有饭吃了，后人读书上进了，九泉之下的范仲淹能不含笑九泉吗？任何人都不能脱离所处的时代，但能忧人所未忧，站在一个时代的最高处，做出符合理智的选择，就会为时代和历史所接纳。

沈德潜这样评价范仲淹："吾吴人物，自言子游后，断推范文正公。"言子是孔子学生中唯一的南方人，后在吴地推广先进的中原文化，也是推动吴地文化发展的南方先哲；而加快文明的进程，理性地选择文明，从根本上改变社会风气和价值理念，却不能不说是范仲淹的贡献。

范仲淹后来官至参知政事（副宰相），晚年调动频繁，在邓州干了3年，自请到杭州去，不久徙青州，这时病体沉重，64岁那年又要求到颍州任职，谁知走到徐州，便一病不起。真正巧了，一个吴人生于徐州也归于徐州，人生绕了个大圈，又回到原先的出发地。最后，范仲淹被葬于河南伊川万安山中。

由于他对大宋王朝的贡献突出，范仲淹在死后获得了一系列官方追赠加封，赠兵部尚书，谥文正，追封楚国公、魏国公。天平山上怪石嶙峋，根根笔立。纵横偃仰，拔地倚天。联想丰富的人说此乃"万笏朝天"，把它称作"万笏林"。《吴趋访古录》就说，天平山"在支硎山南，群峰拱翠，俗称万笏朝天"。笏，也叫手板，是古时大臣上朝时所执的狭长板子，按官职大小而定，有玉笏、象牙笏、竹笏等，作用按《礼记·玉藻》的说法是"凡有指画于君前用笏"。为什么不把这些石柱比喻为石筒、石刀或石剑，而偏称石笏呢？

　　这无数石笏该是范仲淹的手板吧！山下红枫像无数只巨大的火炬，照耀着人们去认读。石笏上写着什么呢？是范公一生的功绩，还是他入仕后敢于直言的风采？也可能是他锐意改革的思想，抑或《岳阳楼记》这样的激扬文字？

　　天平山是一种人文姿态，是范仲淹的一座非人工纪念碑。其实每个人都是一块笏板，岳武穆不是让母亲在背上刺下"精忠报国"四个字？每个人的所作所为，便是将自己的历史书写在额头上，写在心灵上，写在七尺之躯的长长的笏板上！《吴郡志》评价范仲淹："临财好施，意豁如也。及退而视其私，妻子仅给衣食。其为政，所至民多立祠画像。其行己临事，自山林处士、里闾田里之人，外至夷狄，莫不知其名字，而乐道其事焉。"天平山青山苍茫，山上有"挹之如醍醐，尽得清凉心"的白云泉。范仲淹在睦州任上时，曾主持修建了纪念东汉名士严子陵的祠堂，并写了《严先生祠堂记》，称颂严子陵的高风亮节，其实用他称赞严子陵的话来称颂他自己倒是更为恰当，名句就是："云山苍苍，江水泱泱。先生之风，山高水长。"

~ 第六节 ~

唐伯虎的时代悲剧

　　苏州无疑是中国近百座历史文化名城中的佼佼者，一句"上有天堂，下有苏杭"，连 3 岁的孩子也耳熟能详。这座拥有 2500 多年历史的江南名城，拥有令人赞叹、沉醉的文化遗存，几乎随处可见、俯拾就是，甚至一条小巷、一个地名、一眼水井、一堵宫墙都足以让人发思古之幽情，浮想联翩。当你面对绕城而过的护城河的平静河水，当你站在虎丘山下，当你仰望北寺塔、瑞光塔，当你流连于戏曲博物馆、民俗博物馆、丝绸博物馆，会不想到吴王夫差、越王勾践？不想到伍子胥、范蠡和西施？不想到世世代代苏州人为创造文明而付出的种种努力？列车驶进苏州，从一座铁桥越过，宽不过数丈的小河两边有着渐渐远去的小船，这便是山塘河，一条在以前名气绝不逊于秦淮河的脂粉河，如今已黯淡得让世人遗忘了。不经意地一瞥，心头蓦地跳出一个人名——唐伯虎。

　　古城苏州的文化名人数不胜数，唐伯虎既非千古流芳的人民英雄，又非彪炳百代的贵胄权臣，在人们心中似乎属于"颓废派"文人。唐伯虎是一位在民间有极高知名度的人物。《红楼梦》第 26 回中，薛蟠对贾宝玉说："……画得很好，上头还有许多的字，我也没细看，只看落的款，原来是什么'庚黄'的。真好的了不得！"

宝玉写了两个字给他看道："可是这两个字罢？其实和'庚黄'相去不远。"众人都看时，原来是"唐寅"两个字。薛蟠自觉没趣，笑道："谁知他是'糖银'是'果银'的！"这是不学无术的浪荡公子的认识，而大多数中国人对唐伯虎绝不陌生，人们口碑相传、津津乐道他的传闻逸事，绵延500年而不辍。平心而论，在中国文化史的长廊中，唐伯虎这样妇孺皆知的文人实属不多。

唐伯虎于1470年农历庚寅年，出生在阊门内吴趋坊一个商贾家庭，故名寅。按天干十二生肖推算，寅年属虎，连缀引申字伯虎，虎是猛兽为人所惧，于是复字子畏。这一年是明成化六年，距洪武二年已历百年之多。长达一个世纪间，明王朝更换了8位天子，郑和在南中国海扬起了7次风帆。朱元璋局部调整生产关系和上层建筑的改革，为明成祖和仁宣二宗所继承，形成了明代历史上"仁宣政治"的太平盛世。长眠于南京明孝陵的太祖皇帝地下有知，也当开颜一笑。然而社会、经济的发展状况以及趋势走向，也许与他老人家的蓝图构想并不一致。大家不妨把视线稍稍拓宽一下，或许也就更能对唐寅其人和他的行为有所理解了。

无论从哪个角度看，朱元璋都是不喜欢苏州的。元末农民大起义时，苏州是泰州人张士诚的根据地。后来的统一战争中，朱元璋派大将军徐达率领重兵，围困苏州长达数月。久攻不下的原因是张士诚依赖江南地主的支持，进行了顽强的抵抗。明王朝政权甫定，洪武皇帝便迫不及待地把江南富豪缙绅迁徙到穷困的江北濠州和天子眼皮下的南京。这个举动不排除他个人感情上的好恶，但更主要的是"锄强扶弱、奖善去奸，使民得遂所安"。一句话，是出于巩固新生政权的需要。在这方面，朱元璋无非是袭用前人的办法，在两条战线上采取措施：一是政治上，二是经济上，两手都硬。政治上，夺取政权时，最大限度地团结人，包括贩夫走卒、文人骚客，只要能助己夺取政权者，都能龙贤下士，宽厚待之。一旦政权到手，思维方式一定会随之变化，考虑的就是如何按自己的意志去巩固政权。一切不利于或妨碍巩固政权的人和事都必然打击、消灭。但仅在政治上巩固皇权还远远不够，支撑封建帝国大厦更有赖于经济的勃兴，即所谓经济基础的厚实。洪武皇帝是牧童出身，对农民的疾苦比武将文官了解得多。与之相对的，他对从事商品流通、搞投机倒把而发财致富的商人没有好感，进而不择手段地打击他们："下令农民之家，许穿细纱绢布，商贾之家，只许穿布，农民之家，但有一人为商贾者，亦不许穿细纱。"他对沈万山的态度即是典型一例。这位苏州府治下的富商被从家乡现昆山市周庄镇迁徙到南京，被迫捐助朝廷修筑南京城墙，仍逃脱不了被流放云南客死他乡的命运。朱元璋一上台，就宣告了大大小小地主豪绅无可逃遁的悲惨命运。那么地主豪绅会就此消失吗？无疑，朱元璋没有办法使"沈万山"们断子绝孙，唐伯虎便诞生在这种社会演变过程中。

唐伯虎的父亲虽然是个商人，但他"贾业而士行"，请老师教儿子读书。唐寅的天分很高，数岁能文。但他"万般皆下品，唯有读书高"的念头并不强烈，直到别人屡屡规劝，才发奋埋头读了一年书，28岁的他在乡试中取得第一，戴上了"解元"之冠。他虽然不曾留下"仰天大笑出门去，我辈岂是蓬蒿人"的恃才狂喜，但也少不了"直挂云帆济沧海"的自信。然而，坦途一夜之间崩裂，他自青云跌落下来。第二年，他与江阴举子徐经一同赴京会试。这个徐经是弘治乙卯科乡试第41名举人，很有钱，他贿赂主考官程敏政的家童，考前得到了试题。舞弊案很快被曝光，举报人在给皇上的奏状中还提到唐寅，因为程敏政曾从主持乡试的梁储那里知道唐寅，对其才华很为赏识。唐寅为此罹祸入狱。这对于才高气傲的才子来说，是一个沉重致命的打击。他的悲愤无疑是巨大的，面对亲朋好友质疑的目光，他情意真切地写下了《与文徵明书》。文中他列举了墨翟、孙膑、贾谊、司马迁受挫而有所成就的先例后，也陡生豪情："不自揆测，愿丽其后，以合孔氏不以废言之志。"中国文人要彻底摆脱对出仕的信仰是痛苦和无奈的，于是他又发出"寒山片，空老莺花，宁恃功名足千古哉"这样自我安慰式的喟叹。然而他行的不是著书立说之举，走的也不是"达则兼济天下，穷则独善其身"的儒家之路，而是放任心性，"颓然自放""寓气节于风流"。有人评说他："不幸坎坷落魄，其胸中块垒都勃之气，无由自泄，假诸风云月露以泄之。"

就这样，他身着乞丐之服，飘然离家，走出吴趋坊和阊门，登山玩耍去了。他闯入一群墨客骚人的宴聚之中，要求赋诗饮酒。客人讪笑他，允许他试试，他索笔大书"一上"二字。这不像是诗的起头，客人大笑，逼他往下写，他又写下"一上"二字。四周笑声更响，戏弄他说："我们知道乞丐是做不成诗的。"唐伯虎从容笑道："我有个习惯，只有喝过酒才能作诗，请拿酒来。"客人端上酒壶说："你若能诗，尽管让你喝个够，如若不然，就决不放过你！"唐伯虎神色自若地又写了"又一上"三字。众骚客相视大笑，奚落道："这能称诗吗？快往下写吧！"唐伯虎接着又写了"一上"二字，先后一共写了四个"一上"，客人们差点儿笑破肚皮，他却不慌不忙地满饮了一杯酒，提起笔毫无关碍地续成一绝：

> 一上一上又一上，一上直到高山上。
>
> 举头红日白云低，四海五湖皆一望。

众骚客惊奇万分，他也不客气地坐下来尽饮，然后跟跟跄跄地下山归家，无人知晓他的真实身份。这首诗并不精彩，属即兴顺口溜，谈不上主旨深刻，但这则故事活画出一位文化人游戏人生的佯颠状态。唐伯虎一发不可收，跟跄的脚步继续在这条人生道路上留下印记。有关唐伯虎最脍炙人口的典故是"三笑"。明代项元汴的《蕉窗杂录》和冯梦龙的《警世通言》中，都有相关记载。《蕉窗杂录》中这样记载：

> 唐子畏于金阊见一画舫，珠翠盈座，内有一女郎，姣好姿媚，笑而顾己。乃易微服，买小艇尾之，抵吴兴，知为某仕宦家也。日过其门，作落魄状求佣书者。主人留为二子佣……已而以娶求归，二子不从："室中婢，惟汝所欲。遍择之，得秋香者，即金阊所见也……"

　　尽管江湖上的传说不断，但并不意味着唐伯虎已经丧失了政治头脑。宁王宸濠派人携重金，从南昌来苏州延聘唐寅。他后来目睹宁王大逆不道的作为，深知不可与共，便佯疯而获辞归。宁王后造反，而唐寅逃过一劫。他一点也不书生意气，在经历那场冤案后，多少明白了政治是什么东西。

　　在唐伯虎的内心深处，不管是见诸诗文的心态明志，还是皈依佛门的信仰选择，都是无法跳出中国文人经世致用的文化束缚的。从这个角度看，唐寅无甚新鲜。但纵观明初以降的历史现实和诸多文化人的心路历程，就不由得令人发出这样的疑问：封建社会怎会对这样一位背叛礼教"颓然自放"的人物如此宽容？"唐寅现象"的产生，至少说明那时的社会已形成一个可以容忍知识分子一些异常行径的氛围，而这个氛围与同期政治环境宽松与否以及经济发展程度相关联。明中期手工业产品和农副产品大量、无可阻挡地进入流通领域，在苏州及江南地区，不但"比闾以纺织为业，机声轧轧"，还出现了颇具规模的专业染坊，有了数以百计的丝行布店、行商坐贾，形成了具有生产、收购、加工、运输、销售等完整环节的经济链条。随着社会生产力和商品经济的发展，江南的一些手工业部门开始出现资本主义性质的生产关系（也就是雇佣劳动），学术界称之为"资本主义萌芽"。

　　说回唐寅。他自称"江南第一风流才子"，完全是个市民形象的文人。他以整个社会为舞台，不以博取功名、最终仕宦为目的，靠自食其力而及时行乐。但他依然是一个内心苦闷、外表颓败的知识分子，并心知肚明。《明史》记录了他说过的一句话："后人谓我不在此也。"此言饱蘸了他的泪水，令后人读过不无心酸。他渴望人们的理解，后世也确有人说过"唐伯虎畸人也"这样的话。自从绝了仕途念想，心高气傲的唐寅性格中的那份"狷狂"就主宰了行为举止，他用一种新的表现自我的途径来达到新的心理平衡。当他唱着《一世歌》"……世人钱多赚不了，朝里官多做不了。官大钱多心转忧，落得自家头白早……请君细点眼前人，一年一度埋芳草。草里高低多少坟，一年一半无人扫"时，心中对政治不再抱有热情，对维持社会的旧有道德和秩序，也没什么眷恋之情了。从这个角度去分析，他的行为对封建秩序的冲击力当然是巨大的。但这些都不意味着他已丧失了政治头脑。朱元璋给"小尾巴"以一席之地，无异于纵虎归山，时间一长，便尾大不掉了。"沈万山"们的复活、再现，已不再引起人们的惊骇。唐寅正是在这时幸运地走进历史视野的。

　　封建生产关系的悄然变化，自然出乎朱元璋的设想，有违其建国立本之道，虽然他生前极力提倡"计划经济"，按"中央政府"的计划去指导、规范生产、分配，注意打击、抑制商业行为，但经济的发展及其结构的变化，是不以任何个人或集团的好恶而改变固有内在规律的。那么，社会生活的结构、准则和秩序的重大变化也是不可避免的。即使真龙天子，依然是肉身凡胎，他不可能真的"万岁万岁万万岁"，其后世子孙也不可能一成不变地执行他的既定方针。

　　朱元璋逃脱不了历史规律的制约。在位时，他两手都在抓，两手都相当硬。问题在于操纵社会变化的不是他，而是经济这只看不见的"魔手"。他曾一手抓的经济，发展到什么程度无法预料。结果是经济作物的栽培刺激了家庭手工业的发展，市镇应运而生，为工场手工业的萌芽提供了养分，行业工种的区分加速了社会的分工，历史老人终于听见社会前进的脚步声。社会的发展必然呼唤相适应的变革，要求建立新的道德规范和社会秩序势在必行，事情就是这样起了质的变化。这种质的变化给唐寅提供了一个广阔的全新舞台。全盛时期的明王朝，较开国之初有了个全然不同的景象——"吏称其

职，政得其平、纲纪修明，仓庾充羡，间阎乐业，岁不
触灾……民气渐舒，蒸然有治平之象矣"。至于江南富庶
之地的苏州城，其更是一个花锦世界。唐伯虎笔下描绘
的盛况已较唐宋前贤的记录更胜一筹："银烛金钗楼上
下，燕樯蜀柁水西东。万方珍货街充集，四牡皇华日会
同。""长洲茂苑占通津，风上清嘉百姓驯。小巷十家三
酒店，豪门五日一尝新。市河到处堪摇橹，街巷通宵不
绝人。四百万粮充岁办，供输何处似吴民。""江南人尽
似神仙，四季看花过一年。"古城苏州，成了名副其实的
不夜城。朱元璋及其子孙的农业经济思想和商品经济的
理念格格不入。面对逐渐走向鼎盛的社会，他们拿不出
相适应的形态观念去规范，社会的无序状态加重了。而
一旦他们醒悟过来，用另一只手去抓、去管，也只能是
用陈旧的、过时的教义去约束层出不穷的生活现状，以
图保住自己的社会地位和既得利益，社会矛盾必然产生
乃至加剧。

当商品经济及其政治、文化、社会效应所带来的自
由逐渐降临，作为社会成员之一的知识分子，无可选择
地要用自己知识才能和人格来展示自身的价值。正是在
这种经济繁荣背景下，作为文化人的唐伯虎的个性才有
了张扬的可能。设想一下，唐寅如果生活在洪武时代或

者永乐朝又当如何？可以肯定地说，无论他如何任逸不羁，都难以风流倜傥。

"唐寅现象"最难能可贵的，是体现出的独立的人文精神。他有一首几近白话的诗《言志》：

> 不炼金丹不坐禅，不为商贾不耕田。
>
> 闲来写就青山卖，不使人间造孽钱。

不难想象，自诩"江南第一风流才子"的唐寅在酝酿这首诗时，胸中一定有相当的自傲，在连续涂抹了几幅字画后，兴犹未尽，环睹四壁，默想片刻，提笔展纸一挥而就。什么是造孽钱？造孽钱就是不清不白的钱，是"三年清知府，十万雪花银"，是"朱门酒肉臭"。他做不了官，却耻于为吏。他不会不熟悉高适《封丘作》中的两句，"拜迎长官心欲碎，鞭挞黎庶令人悲"，也坦言不学"晨兴理荒秽，戴月荷锄归"的陶渊明，他要靠自己的智慧和一技之长挣清清白白的钱。他宣称自己是个真正意义上的自由职业者。这个时期的苏州城，因为商品经济的长足发展而成为富商巨贾的中心，市民阶层兴起，逐渐形成一股新的社会力量。市民阶层不断扩大，自由职业者才与日俱增。社会经济的发展给了他人生选择的空间。这种自由会赋予他相对独立的人生品格。他无法摆脱历史条件的限制，去抨击皇权政治，走造反之路，也因处在闹市之中而无法洞悉阶级矛盾、批判现实，却可以选择玩世不恭、及时行乐的消极的人生态度。当然，采取这条人生道路的在中国历史上不乏其人，但如唐伯虎这般张扬得淋漓尽致者则前无古人后无来者。唐伯虎是中国封建社会中数以百万计的举人中的一个，他如果依附在封建统治机器上，成为封建政府官吏，只能循规蹈矩，按封建道德驯化的路子走到死，湮没无闻于世。

他的晚年是在穷迫中度过的，53 岁便与世长辞，卒于 1523 年。始葬于桃花坞，在今苏州准提庵唐伯虎读书处附近，依然还能见到命名为"唐寅坟"的小弄。嘉靖二十二年（1543）移葬横塘王家村。桃花庵不久便倾圮荒芜。百年之后的天启元年（1621），一位叫杨汇庵的人，买地于此筑准提庵，待到次年落成，有小童发现一块水渍苔封的"桃花庵歌"石碑，方才知道这是桃花庵旧址。百年遗迹竟付荒草斜阳中，这多少印证了杜甫的诗句："尔曹身与名俱灭，不废江河万古流。"

唐寅墓在明末清初由文人雷起剑等集资修理过，清嘉庆六年（1801）由吴县知县唐仲冕重修，1985 年文物保护部门又进行修理，现为江苏省文物保护单位。四柱石亭里立着"明唐解元之墓"六字花岗岩墓碑，碑亭后墓墩青草覆盖，背靠着菜畦农田，笼罩着田园气息，显得静穆安详。墓南的唐伯虎纪念室中陈列着相关的字画和文史材料，供游人赏玩。庭院里，四月芳菲，狭长的桃叶衬着复瓣桃花，阳光下云蒸霞蔚，烘托出些许唐解元生前桃花坞住所的自然氛围。宁静的气氛与解元生前不拘小节的生活态度形成巨大的文化反差。从里往外走，只见高大的石碑坊上镌刻着四个字：名传万口。这是十分贴切的评价，也是无褒无贬的概括。

第七节

民族英雄林则徐

　　古代中国经济繁荣、文化昌盛，周边诸国无不以华夏为师，到清朝初期，中国的经济总量和领土面积都达到历史的最高水平。乾隆二十五年（1760），中国的疆域面积基本稳定下来：北到贝加尔湖，南到南海，东北到鄂霍次克海，西北到咸海，约1316万平方公里的领土面积；乾隆五十年（1785），美国耶鲁大学经济学教授保罗·肯尼迪的研究成果显示，大清帝国在此时的经济总量约占全球经济总量的32%，而欧洲主要的11个国家的经济总量占世界总量的22%，[①]我们因此而傲视群雄。也是在那一年，瓦特改良了蒸汽机，但工业革命还没有完成。但到55年后（1840）鸦片战争爆发时，英国的工业产值已占到世界经济总量的一半以上，大清帝国基本可以忽略不计了。为什么仅仅过去半个世纪的时间，世界经济格局就发生了翻天覆地的变化？原因就在于西方社会完成了工业革命。世界工业革命刚刚开始时，中国经济大幅领先于英国，因为此时中国传统农耕文明达到了一个前所未有的高度，而且人多力量大，英国此时虽然也是一个农业国，但生产能力与大清帝国相差甚远。但西方工业革命完成后，大清由"人手"的优势转化为"人

---

① 保罗·肯尼迪. 大国的兴衰 [M]. 北京：国际文化出版社，2006：312.

口"的劣势，人多消费大。但天朝上国没有认识到自己的落后，自我感觉良好。

乾隆帝八十大寿之际，英王乔治三世派遣马格尔尼公爵访华。这位大英帝国君主实在是寒酸到了极点，年收入才3万多英镑，光给乾隆帝准备祝寿礼品就凑了一年多，最终敬送了价值16 000多英镑的礼品，又经过一年多的长途跋涉才到达中国。此时，寿辰庆典活动早已结束，但乾隆帝很开心：英吉利国，化外番邦都心向天朝，朕就接见一下吧！他在承德避暑山庄召见了马格尔尼公爵。马格尔尼使团在天津下船后坐中方小船沿运河来到北京。马格尔尼发现所有中方小船上都插着一面小红旗，用毛笔写着五个字：英吉利贡使。在中国人看来，你此行的目的是给天朝进贡来了。马格尔尼通过翻译提出了严正的交涉，表明他们不是来进贡的，而是来寻求两国的平等外交。中方官员也很惊讶：两国？普天之下，谁敢跟天朝并称两国？小邦无理。你不是国，你是邦；平等外交？普天之下谁敢跟天朝平等？你看来天朝的友邦有一个不是来进贡的吗？越南、朝鲜、琉球、新罗，无一例外是心向天朝山呼万岁。为了完成英王交予的使命，马格尔尼也就没有再坚持。中方官员又说见大清皇帝要遵循大清的礼制，须行三跪九叩之礼。马格尔尼又火冒三丈，他们对自己的国王也不会下跪。

中国官员表示，如不下跪就滚回英吉利吧！马格尔尼提出："让我下跪也可以，但是贵国也必须找一名与我品级相当的官员在我国的国王和王后的画像面前行三跪九叩之礼。"并点名要和珅下跪，结果被和珅严词拒绝。最后，乾隆帝还算大度，要求他单腿下跪就可以，因为见教皇就是单腿下跪。马格尔尼使团送给乾隆帝战舰模型，乾隆帝对此毫无兴趣；还有望远镜、怀表，几箱英国当时最先进的火器，可是 1860 年英法联军打进圆明园一看，火器箱子上的封条都保留得纹丝未动。①

清朝的皇帝们哪有兴趣看这些？在他们的认知中，兵者，不祥之器。马格尔尼提出与大清帝国通商和派遣英国使臣的请求，也被乾隆帝严词拒绝，还在马格尔尼离开中国时下了一道圣旨，大意是你那鬼地方太远，我就不派遣钦差去传旨了。回去之后，让你那英王摆好香案跪听圣旨："奉天承运，皇帝诏曰。我天朝上国，物产丰盈，无所不有，原本不需借外夷货物以通有无，但朕念及丝巾、茶叶、大黄乃尔国必需之物，故加恩体恤，每年赏赐若干不必算钱。"乾隆帝也不想一想，你的子民

---

① 保罗·肯尼迪. 大国的兴衰 [M]. 北京：国际文化出版社，2006：343.

离开这些东西就真的不能活吗？难道中国人都吃药？有病等死的底层百姓比比皆是。乾隆帝还不忘提醒马格尔尼，"你们要心向天朝"。乔治三世看完清朝皇帝给他的所谓圣旨后惊掉了下巴：一个冉冉升起能够引领当时世界潮流的"日不落帝国"，是不可能向一个依然停滞于16世纪的农业政权俯首称臣的。就这样，清王朝与世界先进国家的差距越拉越大。由此可见，在传统中国官僚阶层中这种夜郎自大的心态从乾隆末年便一直持续到鸦片战争前夕。而民族英雄林则徐就是在这样的时代背景下，被推到历史的前台。

晚清重臣、禁烟钦差林则徐（1785—1850），福建侯官人，是按照传统方式培养出来的官员。1804年考中举人，1811年中进士，历任多项官职，包括翰林院编修、云南乡试正考官、浙江盐运使、江苏按察使、江苏巡抚，最后于1837年授补湖广总督。中国传统社会的科举取士制度对准备进入仕途的读书人影响深远，可以说，如果没有中国传统的科举取士制度，就不可能有后来的民族英雄林文忠公。

科举考试分童试、乡试和会试几个等级举行。要获得参加童试的资格，考生必须要有一份某士绅提供的担保，证明其出身和品行。童试每三年举行两次，每次考三场。第一场由考生所在地的知县主持，要求写两篇题目出自《四书》《论语》《中庸》《孟子》《大学》的八股文和一首12行的五言格律诗。许多考生在第一场中就因错用词汇、不合韵律和书法幼稚等缘故而被淘汰；考中县试的考生（童生）将赴考第二场。第二场科试由知府或直隶州知州主持。考题与第一场相同，旨在确认没有人侥幸中考县试。通过这一关的童生随后参加由各省学政主持的院试。官府预先就定下能成功通过这三场考试的考生之数目额度，比如全国每次只有25 089人有资格参加院试。在这个数目中，直隶省所占的比额最高（2 845人），而贵州省最低（753人）。这些考生中只有1%或2%的人能过院试关而获得生员的头衔，更流行的叫法是"秀才"。有了这个头衔便可获接纳进士绅阶层，但他们只是"低绅"，平均年龄为24岁。假设其寿命为57岁，他们就可享有士绅身份达33年之久。"在1850年以前，全国有526 869名文生员和212 330名武生员，也即在任何时候都有总共74万生员。"①

　　生员成为府、州、县学的学生，他们从省署获取廪膳津贴，供自己准备更高级的科试。当地士绅还向他们

---

① 费正清．剑桥中国晚清史 [M]．北京：中国社会科学出版社，2012：336．

提供前往省府参加下一轮乡试的盘缠。每三年一次的乡试由一名主考官和一名副主考主持，两人均是皇帝从有进士头衔的官员中遴选。为了避嫌，这些考官必须来自其他省份。他们在8~18名同考官（也称"房考官"）协助下履职，同考官由总督或巡抚在本省官员中遴选，至少要有举人的头衔。由于政府允许全国只能有1 400名生员考中乡试，因此乡试的竞争非常激烈。

　　与童试一样，乡试也考三场。通常在阴历八月初九开考。此前一天，考生便进入贡院；然后关在考房三天，写三篇题目出自"四书"的文章和一首十六行的五言诗。八月初十出考房，十一日重进考房考第二场，要写五篇题目出自"五经"的文章。他们在十三日再次出房，十四日又得入房考第三场。这一场要求写五篇有关政务的文章。十六日他们才筋疲力尽地走出考房。考试结果将在30~45天内公布。

　　贡院采取极端严密的措施以防范形形色色的作弊行为，尤其是"依靠关系"的弊端。所有考卷都是密封的，全部同考官在阅卷期间都会被隔离开。同考官将比较好的案卷推荐给正副主考，由他们做最后定夺。发榜日，主考官在巡抚或总督的陪同下，以皇帝的名义向中榜的考生授予举人头衔，至翌日总督或巡抚将赐宴款待这些新科举人。

乡试案卷随后将呈送到北京的礼部审核存档。那些在乡试中落第但也显示出较高造诣的人将授予贡生头衔，并回到家乡充任地方社会的领袖或教师，等待下一次科试。举人则衣锦还乡，因为为家族和州县争了光。这些幸运者成为"高绅"成员，平均年龄为31岁。举人由省衙提供物资以参加三年一度在北京举行的会试，会试通常安排在第二年的三月。

会试也考三场：第一场考生写四篇有关历史题材的文章，三篇阐述和一篇评论；第二场写四篇考经义的文章和一首五言律诗；第三场则写一篇政治论文，即策论。

会试结果三天后公布，中考者被授予贡士头衔，并获一个半月后参加殿试的资格。殿试由皇帝亲自主持，另有14名高官协助。这次只考一场，考生写一篇千余字的时务策。尽管文策的内容很重要，但隽丽的书法和出色的文风可以在开始时就引起阅卷者的注意，从而产生良好的印象。阅卷考官将10份最好的案卷上呈给皇帝，皇帝以朱笔在卷面上写下评语和考生的名次。殿试中考的考生被授予进士头衔。他们会分成三甲：一甲三名获最高荣誉，二甲含余下中考者数目的30％，其余的中考人为三甲。皇帝将赐御宴恭贺他们；一甲三名将受赏80

两，其余的各获 30 两。政府定额只允许 10 人中有 1 人
考中会试。1644—1911 年，共举行了 112 次会试，授予
了 26 747 个进士头衔，即平均每次会试擢 238 人，每年
约 100 人。一般人都认为，只有富家子弟才能获得准备
考试所必需的长年学习。当然，富有人家能更轻松地支
付受业费用；但是，许多贫寒之家也想方设法地培养出
了中考的士子。最近的研究表明，明清时期获得科举功
名的人中，社会分布相当广泛。明代，47.5% 的进士来自
祖上三代没有出过任何有科举功名者的家庭，有 2.5% 的
进士来自祖上三代没出过一个生以上中考者的家庭；约
50% 的进士来自祖上三代出过高级别功名头衔的门第。
清代，19.1% 的进士来自祖上三代以内没出过有功名者的
家庭；18.1% 来自出过一个或多个生员但无更高级别功名
的家庭。这些资料表明，总共有 37.2% 的进士来自其祖
上三代的教育背景很低或完全是白丁的家庭，而 62.8%
的进士则来自三代以内有科举功名的书香门第或官宦
之家。

出产科举功名最丰的省份是江苏和浙江，在清代总
共 26 747 名进士中分别占了 2 920 人和 2 808 人，其次是
直隶省（2 701 人）、山东省（2 260 人）、江西省（1 895
人）。在浙江，每百万人中将近有 130 名进士，在江苏则

每百万人中有 93 名。在省内，科举成就最大的是浙江的杭州府，清代出了 1 004 名进士，江苏的苏州府出了 785 名。由于成就和荣耀主要取决于才学，因此"万般皆下品，唯有读书高"逐渐成为社会的风向标。一个学子花费全部的青春用于备考，常会有一些人在十来次三年一度的科试中落第，这样一算实际就花去了一生。同时，科举制度选拔了一些具有较高智商且熟悉公务的人，为官员晋升树立了客观公正的标准，并减少了任人唯亲及其他营私舞弊的现象。科举制度也允许社会中的所有人通过个人努力而非通过门第、财富上升到最高层，从而使社会变得比较平等。它鼓励社会流动并减弱阶级划分，来自全国各地和各种生活背景的受教育者集合到政府之中，也产生了一种统一的动力。中国的知识分子组成一个有教养的官僚集团，并以忠君爱国、鞠躬尽瘁作为自己群体的价值准则。

这一群体的卓越代表林则徐是中国近代史上首先抵抗外来侵略、维护民族独立的爱国政治家。林则徐，字元抚，又字少穆，晚年又号俟村老人，乾隆五十年（1785）八月三十日出生于福州侯官（今福州市）。早年入鳌峰书院，攻读经史典籍，受其父林宾日、鳌峰书院主讲郑光策等影响；中进士入翰林院后，与著名经世致用学者龚自珍、魏源、张际亮等交游相从，面对嘉庆、道光以来清王朝江河日下的危亡局势，立下了经世匡时的志向。中年时期的林则徐，历任清廷江西、云南乡试考官，江南道监察御史，浙江杭嘉湖道盐运使，江苏、陕西按察使，江宁布政使，河东河道总督，江苏巡抚，陕甘总督、湖广总督、云贵总督等要职，以关心民间疾苦，体恤民情，又具有优异才干而为人所称道。例如他在浙江任职时，修海塘、兴水利、抑制豪强、整饬吏治。1823年，他任江苏按察使时，水灾严重，灾民嗷嗷待哺，而由于吏治腐败，以致民变有蜂起之势，他负责全省赈灾事务，并把整刷吏治和消灾兴利结合起来，"民颂大起"，时称"林青天"。1833年，林则徐在江苏巡抚任上，正值当地灾情严重，清廷不仅不能迅速采取措施，反而催解漕赋，竭力搜刮，使民众与官府之间的矛盾极度激化。面对这种危急局势，林则徐不顾道光帝的指责，抗言上疏，力陈民间困苦，坚请缓征，终于得到批准，使矛盾缓和下来。从1820年出任江南道监察御史开始，到1838年任湖广总督的近20年中，林则徐为国为民驰驱于江淮河畔之间，兴利除弊，政绩显著，"一时间名满天下"，成为清廷优秀官员的典型人物。

林则徐一生中的高光时刻是鸦片战争时期。19世纪中叶以后，以英国为首的资本主义侵略者对华走私鸦片，进而泛滥全国，造成深重的民族灾难。对此，林则徐于1837—1838年湖广总督任内，设立禁烟局，配制断瘾药丸，严查烟具和鸦片，大张旗鼓地开展禁烟行动，收到了很大的成效。1838年，鸿胪寺卿黄爵滋上奏提出"重治吸食"的主张，林则徐上疏支持，痛陈鸦片祸国害民，指出："若犹泄泄视之，是使数十年后，中原几无可以御敌之兵，且无可以充饷之银。"他的奏折为举棋不定的道光帝所接受，经过8天内连续8次的召见，他被任命为钦差大臣，节制广东水师，南下广东禁烟。林则徐是一位阅历丰富、廉名卓著的正人君子。备受鸦片之弊困扰的皇帝曾19次就此问题与他磋商。1839年1月8日，林则徐从北京出发，于3月10日抵达广州。

　　林则徐以"苟利国家生死以，岂因祸福避趋之"作为自己的行为准则，而走到了历史的前列。位于福建省福州市的林则徐纪念馆上，题写着"林文忠公祠"的字样。"文忠"是谥号。在清朝，文臣死后一般以得到带"文"字的谥号为最高荣誉。走进林文忠公祠，映入眼帘的就是御碑亭，里面供奉着三通石碑。一通是林则徐病逝之后道光皇帝赐他的圣旨，相当于追悼会的悼词；另外两通是咸丰元年，咸丰皇帝继位后写给林则徐的祭文。提起林则徐，我们的第一印象是教科书中那位崇高无比的民族英雄。鸦片战争后，道光帝说林则徐不会办事，误国误朕。可在给林则徐的圣旨碑上，他对这位忠臣可谓赞颂有加，那为什么还要如此责备他呢？

虎门销烟是众所周知的历史故事。其实，鸦片在唐朝时就由阿拉伯人和土耳其人传入中国，起初是用来治病的良药，主要用以止痛安神，中国人称其"罂粟"。据称一些台湾人在 1620 年将鸦片与烟草混在一起吸食，这种做法在 17 世纪 60 年代传到福建和广东，吸食的方式也得到改进：吸食者就着灯火烧化鸦片，并用一根竹管来吸。吸食鸦片迅速成为有闲阶层的一种时尚，不久甚至连穷苦百姓也沾上了这种恶习。这种成瘾的需求导致鸦片的进口量陡增，也导致在四川、云南、福建、浙江和广东等地大面积种植罂粟。雍正皇帝（1723—1735 在位）出于道德风化的考虑，曾在 1729 年禁止销售和吸食鸦片；而嘉庆皇帝（1796—1820 在位）则在登基当年明令取缔进口和种植鸦片。19 世纪 20 年代，经济方面的问题也浮现出来，鸦片贸易引致白银迅速外流。鸦片大致分三种类型：公班土（孟加拉国国产鸦片）、白皮（西印度麻洼产鸦片）和金花（土耳其产鸦片）。它们的价格随时随地发生变化。在澳门，1801 年时一箱鸦片包装成箱，白皮每箱重约 100 斤、公班土每箱约 120 斤。公班土价值为墨西哥银元 560~590 元，1821 年时价值 2075 元，1835 年时价值 744 元；在相应的年份，一箱白皮分别价值 400 元、1 325 元和 602 元。1729 年第一次禁烟时，每年的鸦片输入 200 箱，但到 1767 年时已上升到 1 000 箱。鸦片输入的增长是迅速而又持续的：1800—1820 年间，平均每年的输入量是 4 500 箱，而在 1820—1830 年间则超过了 10 000 箱。在 19 世纪 30 年代中期，鸦片的输入量剧增，1838—1839 年达到顶峰。鸦片输入的迅速增长自然与中国对此种毒品之需求的增长联系在一起。19 世纪初叶的烟民主要是一些富家子弟，但这种陋习逐渐扩展至各色人等：政府官吏、商人、文人、妇女、仆役、兵丁乃至僧尼、道士。1838 年，广东和福建两省的烟馆像英格兰的酒馆一样，比比皆是。烟民为了得到鸦片，不惜任何代价。一名普通苦力一天约挣一钱①到两钱银子，可他若是个烟民，便要将其收入的一半花在毒品上。一般的烟民每天要吸食半市钱②银子的鸦片烟膏，而许多烟民则要吸食这个分量的两倍。1838—1839 年输入的 4 万

---

① 1 钱约等于 1/10 两银子。
② 1 市钱等于 1/10 市两银子，1 市两约等于 1 又 1/3 英国安士。

箱鸦片可提熬成 240 万斤烟膏，供给约 210 万烟民吸食。据说中央政府官员中 10%~20% 的人和地方官员中 20%~30% 的人吸食鸦片。烟民的总人数为 200 万~1 000 万人。林则徐称，若中国百人中有一人吸食鸦片则就有 400 万吸食者，每年花费在鸦片上的银两在 1823—1831 年为 1 700 万~1 800 万两，在 1831—1834 年为 2 000 万；在 1828—1836 年，英国人从广州获取了 3 790 万元的白银，而在 1837 年 7 月 1 日开始的年度里，他们更获取了 890 万元的白银。不过，这里存在一个抵销性的因素：美国人和其他国家的外商向中国输入了金银。1818—1834 年，美国人输入了 6 000 万元的白银，英国人则载走了 5 000 万元的白银。但随着鸦片贸易的增长，美国现钞的输入越来越少，却有越来越多的中国白银被载走；1828—1833 年，英国人运走了价值 2 960 万元的贵金属，而美国人输入的金银只有 1 580 万元。19 世纪 30 年代中后期，白银外流的情况最为严重，每年有 400 万~500 万元的白银流出。白银的枯竭搅乱了国内经济，市面上白银与铜钱之间的兑换率出现动荡。1740 年，1 两银换 800 文铜钱，而到 1828 年，1 两银在直隶值 2 500 文铜钱，在山东值 2 600 文铜钱。为应付这一经济危机，政府降低了铜钱的成色，并增加了每年铸造铜钱的数量。尽管鸦片贸易产生了上述经济影响，但由于缺乏一套完善的海关系统、一支有效的缉私水师和公共行政中的道德责任感，鸦片贸易无法得以禁绝。经常有负责缉拦毒品交易的官员与走私者沆瀣一气，将一些免费的鸦片"样品"当作截获的走私品呈交官府。

　　1840年，英国在完成第一次工业革命之后，其国内资本主义的发展突飞猛进。这时英国的国民生产总值已经占全世界国民生产总值的一半以上，那么通过开拓海外殖民地来充实自己的原料产地和商品销售市场便成为英国政府的必然选择。但新航路开辟之后，随着世界茶叶贸易的繁荣，英国人逐渐养成饮茶的生活习惯。在此需要介绍一下中国近代历史上的万里茶道。在我国福建省的武夷山脚下有一个古朴的村庄，叫下梅村，著名的武夷岩茶"大红袍"就是从这里出发走向世界的。中国茶叶刚传入欧洲的时候，欧洲人把它当作治病的良药，无论是王室贵族还是平民百姓都喜欢饮用来自中国的茶叶。下梅村是连接中、蒙、俄三国万里茶道的起点。从武夷山出发，一路向北经过江西、武汉、安徽，再从山西、张家口一直到外蒙古，然后进入俄罗斯，终点是圣彼得堡，之后再到欧洲各国。中国是一个严重缺乏贵金属的国家，但到了明朝中后期白银能够成为中国普遍流通的货币，就是因为欧洲人用白银来购买中国的茶叶。到了乾隆年间，中国使用的白银占世界总量的三分之二，就是靠茶叶换取的。中国的茶叶贸易自古以来源远流长，同北方民族做生意时需要茶叶，因为他们以肉食为主，喝茶可以解油腻、助消化并补充维生素。所以茶叶是肉食民族不可或缺的饮品，在明朝以前中国茶叶主要用来和西北少数民族贸易，以换取他们的牛羊等畜类产品。北宋跟西夏签订条约规定，每年北宋给西夏白银7万两、绸缎15万匹、茶叶3万斤，专门指出茶叶是北宋给西夏的岁币，可见茶叶在相当长的一段时间内形同硬通货。康熙年间，晋商带着茶砖去蒙古高原进行贸易往来，一块砖茶当作一块银币通用。有的商人深入偏僻地区竟然可以用一块茶砖换到一只羊，有时一块砖茶甚至可以换到一头牛。关于茶叶被带入欧洲的途径有若干种说法，一种说法是葡萄牙人将之带入欧洲，另一种说是被荷兰人带入欧洲，因为这两个国家是最早跟中国进行贸易往来的国家。茶叶进入欧洲后就在欧洲社会风靡起来，其中的饮茶大国就是英国。

据说1661年葡萄牙公主凯瑟琳要嫁给英王查理二世，将茶叶作为陪嫁品带到英国，英国人开始接受饮茶的文化。18世纪，连英国的农夫都习惯每天喝两次茶。当时英国社会就流行"以茶为伴，迎接晨曦；与茶为伴，欢娱黄昏；与茶为伴，共度良宵"的生活风尚。如今，时尚男女一到下午三四点就喝所谓下午茶，实际上英国的饮茶习惯不过才300多年的历史。于是，武夷山的茶叶被运出去，大量的白银从英国流入。

这种状况对英国人来说并不划算，因为当时英国正在进行工业革命，亟须原料产地、商品销售市场以及资金。英国人本是把目光投向中国，在他们看来，如果中国人每人买他们一条手绢，那么苏格兰的纺织厂要昼夜不停开工20年才能满足需求。当时中国以自然经济为主，对英国的商品没有需求，但英国对茶叶需求却很强烈。清政府一年出口到英国的茶叶总价值约1 000万两白银。后来，为了扭转贸易逆差，英国通过走私鸦片每年从中国掠夺的白银高达1 600万两，造成中国白银的大量外流。值得思考的是，为什么鸦片在中国的市场会如此巨大？今天的生意人并不会把大量资金存放在家里，而是会投入流通领域变成资本，由于社会的多元发展，今天可用于投资的领域也极为广泛。而在古代中国除买房置地外，几乎没有可投资的渠道。如前文所述，在此大环境下，鸦片消费成了上到王公贵族、富商巨贾下到市井百姓的奢靡选择。因此，鸦片在中国的泛滥也揭示出中国经济结构的单一和落后。鉴于此，林则徐上书道光帝："鸦片流毒于天下，则为害甚巨，法当从严……长此以往，数十年后，中原几无可以御敌之兵，且无可以充饷之银，兴思及此能无股栗。"道光皇帝是中国历史上出了名的抠门皇帝，龙袍都带补丁，看了林则徐的奏折后，便委任他为钦差大臣赴广州查禁鸦片。林则徐到广州后通过缜密侦查发现，鸦片之所以泛滥，与水师总兵韩肇庆的渎职行为有关。中国自古以来军警不分，水师既起海军的作用，也起海警的作用。韩肇庆负责查禁鸦片反导致鸦片贸易的猖獗，而其胆大妄为的贪渎放卖又缘于两广总督邓廷桢的庇护。中国社会官僚阶层盘根错节的社会关系使林则徐的禁烟行为陷入困境。他索性另辟蹊径，既然不能撬动上层，那就直奔主题，拿英国人问罪，派兵包围英国商馆，在英国商人交出所存鸦片货物前断绝他们的餐饮，并将在商馆内的华工全部撤出。

问题的关键在于鸦片是高附加值商品，并不是所有在华商人都能专营鸦片生意。也就是说，商馆内的 300 多名英国商人中，相当一部分商人都是从事一般性贸易活动的普通商贩。最后，英国驻华商务监督义律被围困三天后被迫交出所有鸦片，之后就是我们熟知的虎门销烟。怀恨在心的鸦片贩子回到英国，打着为英国商人"讨还公道，赔偿损失"的旗号，建议英国国会出兵中国，但当那些大鸦片贩子进入英国国会"控诉"中国政府的时候，很多议员站起来向他们扔东西、吐口水，高喊："可耻可耻，绞死他们。"在他们看来，这就相当于为了鸦片贸易跟中国打仗，大英帝国不就成了世界上最大的武装贩毒集团了吗？赞成派和反战派在英国议会中吵得不可开交，最后英国女王说："我们不是为了鸦片而战，是为了自由贸易的原则而战。"结果英国最终通过对华战争的拨款议案。随后，4000远征军、16艘战舰、28艘运输船和4艘蒸汽船载着540门火炮，从英国本土和印度出发，绕过半个地球来攻打中国。见帝国主义来犯，林则徐起初还天真地认为英国人只会水战不敢上岸，对西方人只会远距离射击、膝盖不能弯曲和西方蛮夷不善搏击的传言信以为真。但是，大清朝的八旗子弟就善于近攻肉搏吗？乾隆年间，皇帝曾亲自主持阅兵，当年骑射定天下的八旗军"上马人坠马，射箭箭堕地"。无论如何，林则徐还是做好了迎战的准备。他是这样招募广州乡勇的："如英夷兵船一进内河，许以人人持刀痛杀。"斩夷首一枚，赏白银50两；能斩夷酋义律者，赏白银5万两，官员品级升三级，百姓赏八品顶戴。英国战船驶入珠江口，发现林则徐严阵以待，便掉转炮口挥师北上准备攻击厦门。林则徐赶紧六百里加急将相关情况通知厦门方面，针对英军的军事威胁，厦门也做了积极的战备动员。

然而，作为已经完成工业革命的帝国主义国家，英国军队的战略投送能力相当强大，在战争中展现得淋漓尽致。舰队继续北上到达浙江定海的舟山群岛。当地尚停滞在16世纪止步不前的状态，万里海疆无一处设防，当樯橹连天出现在定海海面上时，定海知县姚怀祥居然领着百姓手提面粉、肩抗西瓜去慰问英国士兵，还以为对方是来向我朝进贡的友邦子民。当时，中英两国已经进入战争状态，林则徐用六百里加急把开战的消息传到北京需要21天，皇上召集军机大臣研究妥当，再把朝廷的决定传回广州需要相同的时间。所以在战争爆发40多天的时间里，定海方面并不知道战端开启，姚知县才会有此荒唐之举。随后，英军司令要求将定海县城作为军事补给之地，在姚怀祥严词拒绝后，便当即宣战。姚怀祥不愧为大清帝国的忠臣，回到县城后先四处寻兵，因为从省里调派援兵，最快需要10天时间，从最近的邻省调兵则需要一个月，隔一个省调兵则需要三个月以上，而英军给他的准备时间只有24小时。姚怀祥匆忙召集了600余人，跟当铺筹借兵器，毕竟在鸦片战争爆发前定海已有200余年不遇兵火了。谁知招募的渔民出海，40分钟后便全军覆没。姚怀祥换上崭新的朝服登上定海城楼，向紫禁城方向行了三跪九叩的君臣大礼后，投海自尽以全臣节。姚怀祥是鸦片战争中第一个自杀殉国的官员，在他之后还有 174 名官吏步入其后尘。

鸦片战争从爆发到结束的两年间，英军攻无不克、战无不取，清军没有守住一处战略要地，没有赢得一次战斗。大清帝国的腐朽落后暴露无遗：在浙江，道光皇帝派黑龙江索伦骑兵参战，还没走到山海关，战斗就已结束；在江苏镇江，道光皇帝派川军去作战，1000 名川军分成两拨，第一拨 450 人、第二波 550 人，等第一拨人赶到战场，战争已经结束一个多月了。大清帝国在对对手完全不了解的情况下，卷入了一场现代化的国际冲突。鸦片战争后，鸦片贩子利用特权更加肆无忌惮地向中国倾销毒品。道光皇帝本来想通过林则徐禁烟来阻止白银外流，战争的结果却是割地赔款，白银的外流更甚，所以才会指责林则徐"误国误朕"。

战争结束，林则徐被发配新疆时，他才从以往的迷梦中警醒过来，感叹中英两国国力的悬殊。后来他在给友人的信中谈到，英国炮的有效射程是十里，我们的炮的有效射程只有三里；以前作战是面对面交锋，现在是非接触作战。他还认为"英舰驰骋于大海，南北畅通"，而我们调兵遣将却受山路所阻，当然也就没有取胜的可能。在伊犁期间，他曾给朝廷上书建议通过在国内种植鸦片这种自产自销的方式来解决白银外流的难题。他当时最关心的是朝廷银荒兵弱，至于是否侵害百姓的体质，并不在他的考虑范围之内，这是其思想的狭隘之处。即使如此，林文忠公也不愧为近代中国睁眼看世界的第一人：禁烟过程中，他为了加深对西方列强的了解，组织大规模人力物力，开启了具有划时代意义的翻译西方报纸文献的活动。当时，中国并没有专门的翻译人才，林则徐着手组建自己的翻译团队，翻译的内容广博，涵盖政治、经济、军事、历史、法律、地理等诸多方面。以上种种开明的举措在一定程度上帮助一部分国人重新认识了世界，客观上打破了以往"天朝上国"的迷梦。道光二十二年（1842）十二月，林则徐到达伊犁。在伊犁将军布彦泰的支持下，他组织垦荒开渠，屯田实边，实地查勘南疆库车、阿克苏等八城垦地，在坎坷的三年戍边生涯中，为开发和保卫边疆做出了巨大的贡献。在新疆的实际工作中，林则徐认识到北部沙皇俄国的扩张野心，曾预言"终为中国患者，其俄罗斯乎！"从后来的历史事实看，林则徐的预言几乎变成现实。他后来任云贵总督，1850 年接受了镇压太平天国（一说镇压天地会起义军）的使命，此时他已年老体衰，不久病逝于广东潮州府属普宁行馆。

受历史和阶级条件的限制，林则徐必然存在一定的局限性。但他开眼看世界的一系列尝试和富国强兵的举措，践行了古代士子"居庙堂之高则忧其民"的价值承诺，无愧于当时中国读书人的责任与担当。

第八节

李鸿章对晚清中国的影响

李鸿章是继林则徐之后又一位积极放眼世界、主张向西方学习的晚清重臣。誉满天下，谤亦随之。李鸿章究竟是一代名臣，还是千古国贼？今人一提起李鸿章，都用的是"汉奸""卖国贼"之类的表述。但是作为直隶总督、洋务先驱，值得我们深思的是他的洋务实践究竟给后世留下了什么？为何梁启超会感叹道："敬其之才，悲其之遇。"让我们继续循着历史的遗迹，试着去还原直督宦海、北洋沉浮、半生荣耀、千载骂名背后一个鲜活的李鸿章。

李鸿章，安徽合肥人，天资聪慧，道光二十七年（1847）中进士。他官居一品，文采斐然，也是一位出色的书法家。在李鸿章 20 岁时写的自述诗足以表明他对自己少年得志、扶摇直上的价值期许：

> 蹉跎往事付东流，弹指光阴二十秋。
>
> 青眼时邀名士赏，赤心聊为故人酬。
>
> 胸中自命真千古，世外浮沉只一鸥。
>
> 久愧蓬莱仙岛客，簪花多在少年头。

他的雄心与志向并未等待太长的时光，21 岁考中举人，3 年之后又高中第 25 名进士，风华正茂就进驻翰林院。恩师曾国藩因此写信给李鸿章之兄李瀚章："令弟少荃（李鸿章字），自乙丙（指道光二十五年、二十六年）之际，即知其才可大用。"曾国藩果然眼力不凡，李鸿章一生呼风唤雨，位极人臣，历任北洋大臣、江苏巡抚、湖广总督、两江总督、直隶总督等职，被梁启超尊称为近代中国"当时中国第一人"。

"天下惟庸人无咎无誉……"翻开梁启超的《李鸿章传》，开宗明义第一段翻译成大白话就是：天下只有碌碌无为之徒既没有千古骂名也没有传世美名，一个人能让天底下的众生皆恨他，那他一定是奸雄式的人物；如果一个人能让芸芸众生都仰慕他，那他可谓是千古豪杰英雄。但是，芸芸众生的大多数还是平庸之辈，千古奇人不到千分之一，用平常人的标准来评判非常之人，是难以得出客观结论的。所以誉满天下的有可能是颇值得推敲的所谓老好人；谤满天下的也有可能是千古难遇的英才伟人。中国有句老话——盖棺定论。可我发现有的人盖棺已经数十年甚至几百年，却还没有定论。……且不管此人是乱世奸雄，还是难得英雄豪杰，但他的历史定位与做事风格，不是平常目光就可以借烛灯穿透的，也不是芸芸之口就可以雌黄的。深谙此理之人，才有可能读懂我所写的李鸿章。

梁启超承认自己跟李鸿章"于政治上为公敌，其私交亦泛泛不深"。可见，梁任公的褒奖是难能可贵的，因为这是来自政治对手的赞美。

其实，李鸿章在一定程度上是支持维新变法的，但作为一个老谋深算的传统官僚，他懂得在周旋的同时得以自保。在听到荣禄跟慈禧太后关于处置维新派人士的私密对话后，他立即将此消息传给康有为，暗示他们要有所准备。维新党人提出的诸多举措，如废科举、学习西方等，都是这名晚清重臣在此前的奏折中提过却没能办成的，所以他对维新派有着惺惺相惜的感觉。戊戌六君子喋血菜市口，慈禧太后对康梁进行彻底清算，朝中多人揭发李鸿章实际上就是维新党。慈禧太后也想借机敲山震虎，就拿着别人揭发李鸿章的信给他看，意思是有人说你是维新乱党。李鸿章答："臣实是康党，废立之事，臣不与闻，六部诚可废，若旧法能富强，中国之强久矣，何待今日？主张变法者即指为康党，臣无可逃，实是康党。"慈禧太后听毕沉默不语。李鸿章干脆承认："如果说赞成康梁提出的某些具体措施就是维新党，那我确实是维新党。"他也明白：戊戌变法一方面是传统政治势力与维新势力的争斗，另一方面也是光绪利益集团和慈禧太后之间的夺权斗争。这一点上，李鸿章体现出了自己的世故圆滑，他说"不与闻废立之事"，就是表态：

我从来不参加光绪利益集团的林林总总。慈禧太后因此放了他一马。

李鸿章的父亲李文安，快40岁才中了进士。这个进士中得恰逢其时，刚好与曾国藩（曾文正公）同一年进士及第，这种关系被称为"同年"。这是中国古代科举体制中一种极其微妙而重要的人际关系，从实际效用上说，远超今天的普通亲友，因为同年高中，意味着要同朝为官，初次进京为朝廷效力的他们有着共同的利益链条和仕途参照，无形中成为一个官僚共同体。李文安是刑部官员，有清廉正直之美名，性格内敛、资质平平，但眼力优于常人，在同年中始终跟曾文正公关系密切。当时的曾国藩不过是一员普通在京官员，而李文安却及时安排两个儿子李瀚章与李鸿章拜其为师，研习"经世之学"。这大概是李文安作为李氏子孙贡献给这一家族的最高智慧。

1851年，洪秀全金田起义，长达百余年的乱世画面拉开序幕。在天子脚下战战兢兢晃了六载笔墨的"李翰林"，也被委派到安徽老家干起"绿林生意"。他的淮军体系，就在这个过程中逐渐由弱小到强大为朝廷所瞩目。

1870年天津教案，一边是外国人打死天津知县捣毁当地的行政衙署，一边是中国老百姓焚烧教堂砸毁外国领馆，打死了二十几个外夷。七国列强抗议，口出狂言要把天津卫化为废墟，列强炮舰集结大沽口，直接威胁到京师安全。慌乱无章的清政府于是把最强悍的淮军调到天津，同时也把李鸿章推上了外交的最前线。在此之前，他的恩师曾国藩已在处理此事。曾国藩性格耿直，希望秉公判案，处理办法是对国内百姓和外夷各打五十大板。结果两边的怒火都难以平复，越闹越凶，事情还没完结，曾国藩的身体每况愈下，一年后就去世了。

而他的学生李鸿章则手段圆滑，他知道事不宜迟，快刀斩乱麻：赔偿列强 50 万两白银，杀掉主要"闹事"的 20 人，充军发配 25 人，但要求外国军舰立即撤离，就双方死伤人数来说，基本是一命偿一命。据说到了真正行刑之时，被砍掉脑袋的并不全是杀洋人、毁教堂的当事百姓，其中一些是从监狱里拉来的死刑犯冒名顶替的。

朝廷一看李鸿章其人能力超群，又深谙带兵之道，更善于跟列强周旋，奏折写得行云流水，就决定将其留在天津，为之后跟列强打交道做准备。很快，李鸿章就接到任命，接替曾国藩出任直隶总督兼钦差大臣。至此，他的权势和声望，已远超自己的老师曾国藩了。

英国大船商之妻立德夫人在她的《李鸿章的生平与

时代》一书中，这样描写李鸿章："有些话题他不愿意触及，但一旦不得不谈，就表现出惊人的坦率。……有这样一个仪容伟岸、极富个性的人在身边，作为一个女人，慈禧太后一定会更有安全感……"《清史稿·穆宗本纪》也有记载："同治九年，八月丁酉，命曾国藩为两江总督，李鸿章调直隶总督，冬十月壬子，裁三口通商大臣，命直隶总督经理。"清同治九年（1870），李鸿章正式接替恩师曾国藩就任直隶总督并监管三口通商，即北洋大臣。从那一刻起，近30年的时间里，中国历史便开始见证李鸿章一生中最大的荣辱沉浮。总督大概相当于今天的大军区司令兼省委书记、兼省长的一个混合角色，因而品级很高。在清朝，总督加兵部尚书衔，一般是从一品的高官品级。特别是作为疆臣领袖的"直督"，一般都是皇家的亲信才会担任。在清朝历任的直隶总督中，在职时间最长也最有名的可能就是李鸿章了。近年对李鸿章的评价也不断走向客观并接近历史的真实。李鸿章是晚清名臣，一生先后创办淮军和北洋水师，是洋务运动的领袖，也因亲手签订中国历史上的多个不平等条约而成为最具争议的人物之一。

清光绪二十年（1894），爆发了甲午中日海战。李鸿章在直隶总督北洋大臣任上倾尽心力打造的号称"亚洲第一、世界第八"的北洋舰队被日军击败，全军覆没。痛心之余，他还要远赴日本签订割地赔款、丧权辱国的《马关条约》。从此，他背上了卖国的骂名。这一年，李鸿章已经是 72 岁高龄。北洋海军全军覆没，可以说既有战略、战术上的原因，也有武器不如人的因素。就武器装备来说，北洋水师"亚洲第一"的称号并不属实。军舰争雄于海上，一看火力，二看航速。虽然当时北洋舰队的旗舰"定远号"和"致远号"是远东第一流的铁甲舰，然而北洋舰队只有 10 艘主力舰，而日本舰队有 12 艘；北洋舰队的平均航速为每小时 14.5 节，日本舰队的平均航速则为每小时 18 节，其中旗舰"吉野号"的航速则高达每小时 22 节；日本舰队装备有 67 门速射炮，北洋水师的速射炮装配量为 0。其实，"吉野号"本是清政府从英国订购的，定金已付，但由于清政府财政拮据，不得不放弃购买计划。日本政府得此消息后为能成功购买此舰，可谓是举全国之力：天皇捐出 30 万日元；日本各级官僚捐出自己月俸的 40%；皇后将首饰变卖捐给国家，有人开玩笑说皇后以后只能插樱花来装扮自己了；接着日本政府发行 5 000 万日元的爱国公债被抢购一空。所以说，细节处见高低，战争的结局早已在战前就明朗无比。

北洋水师战败，日本人占领了威海卫，兵临奉天，陪都危在旦夕。在此情况下被迫与日本签订城下之盟。所谓城下之盟，基本上就是完全接受对方开出的条件。在战场上得不到的利益想在谈判桌上扳回来，这简直就是痴人说梦。两国实力相当之际，外交就是实力；两国实力相差悬殊，实力就是外交。《清史稿·李鸿章传》载："光绪二十年，海军覆丧殆尽，命鸿章往日本议和；二十一年二月抵马关，与日本全权大臣伊藤博文、陆奥宗光议，多要挟。"李鸿章到马关与日方谈判，对方狮子大开口，要求中国赔偿3亿两白银，相当于中国四年财政收入的总和、日本六年财政收入的总和。当时，清政府的财政收入是8 800万两白银，日本大概是8 000万日元。当时的日元也是银元，一块日元大概折合中国0.7两白银，8 000万日元约折合5 600万两中国的白银。李鸿章与日方在谈判桌上折冲樽俎，希望对方能减少赔款金额，不要引发中国经济的崩溃，如果中国经济崩溃，进入无政府状态，那对于各国在华的利益都得不到保障。谈判的过程极为艰难，结果一个日本愤青的鲁莽行为客观上助了万难中的李鸿章一臂之力。那个日本愤青叫小山丰太郎，开枪行刺李鸿章，因为他不愿日本跟清政府谈判，认为日本政府有能力吞并大清，他不知道的是当时日本国库里的钱已经花光了，如果日本进一步对清王朝采取军事行动，必然会引起列强的干涉。因为在列强眼中，中国是一块"大蛋糕"，利益均沾可以，一国独占不行。《清史稿·李鸿章传》载："光绪二十一年，鸿章遇刺，伤面创甚，而言论自若，气不少衰，日皇遣使慰问谢罪。"当时，日本政府也怕李鸿章万一断然回国，两国重开战端，他们并没有必胜的把握。为了对李鸿章遇刺表示慰问，便把战争赔款在原来要求的基础上减去1亿两白银。李鸿章听后苦笑：挨一枪，赔款减少1亿两，既然如此，就再打我两枪好了。李鸿章为了证明自己在对日谈判过程中并未卖国，让属下保存好自己遇袭后留下的血衣，认为此血可以报国矣。

之后，李鸿章便代表晚清政府签订了后人熟知的《马关条约》，并默默为真正的掌权人慈禧太后背上了卖国贼的骂名。条约签订后，荣禄接任直隶总督，慈禧太后也知道李鸿章处境不易，于是命他出国访问。在海外，对他却另有一番评价。李鸿章最大的对手日本首相伊藤博文称他："大清帝国中唯一有能耐可与世界列强一争长短的人。"而美国人评价他："他为这个世界上最古老、人口最多的国家的人民提供了公认的优良设施。"为了富国强兵，李鸿章给自己的定义是"晚年洋务"，在直隶总督任上的 20 余年里，他大力发展洋务，为中国近代工业文明打下了基础，只可惜这些成绩得到了海外的称颂，却没能得到当时国人的认可与重视。从这个意义上说，李鸿章可谓是晚清中国改革开放的先驱和近代化之父。

在中国近代史上，有许多项"第一"与李鸿章直接相关：第一支完全由洋枪装备的部队；第一支独立的洋炮部队；第一家大型综合军工企业——江南制造局；第一个译书机构——江南制造局翻译馆；第一个语言和工程技术学校——广方言馆；第一次公派留学生：1872 年留美幼童；第一个近代平等条约：1874 年《中秘条约》；第一个电报局——1880 年设立于天津的中国电报总局；第一条自建铁路——唐胥铁路；第一所陆军军官学校——天津武备学堂；第一支近代远洋海军——北洋海军；第一部海军军制；第一面中国近代国旗；第一家机器棉纺织厂；第一个海军基地……

1881 年 6 月，开平矿务局修建完成的清王朝的第一条铁路——唐胥铁路，即唐山至胥各庄铁路。李鸿章乘火车沿线视察是这位晚清重臣推着古老帝国迈出的现代化进程第一步，但这些"第一"阻力重重，有时甚至进两步，退一步。第二次鸦片战争之后，中国边境只是平静了数载，到 20 世纪中后期，沿海边关再度吃紧。在晚清满朝官僚中，最早提出兴办铁路的大员也是李鸿章，他最初的设想仍是为了加强大清海防。1874 年清政府组织海防大讨论时，李鸿章第一个向朝廷上奏，全面系统阐述了自己的洋务自强方略，其中着重强调了铁路的军事战略意义："火车铁路，屯兵于旁，闻警驰援，可以一日千数百里，则统帅当不至于误事……"而朝廷内守旧派官员的理由则是："开铁路，山川之灵不安，即旱潦之灾易召。"

至于那些针对李鸿章圆滑与狡诈的评价，其实主要集中于他善于施展阳奉阴违的政治艺术。他这样的行事风格在很大程度上是为了减少变革进程中的阻力。1880 年，李鸿章授意唐廷枢上奏清廷要求修筑运煤铁路，为免于顽固派众老朽的妄议，还特别说明这条铁道没有火车机头，以驴马拖动前行，才勉强获得恩准。李鸿章当然不会止步于马拉驴拖的车皮在铁路上蜗牛般滑行，他一直寻求合适的时机争取更进一步的愿想。1881 年，配有火车头的唐胥铁路通车时，由英国工程师设计、中国工人制造的"龙号"蒸汽机车头，成为晚清中国第一条铁路上的第一台火车机头。但通车没多久，"机车直驶，震动东陵，且喷出黑烟，有伤禾稼"，机头被下令禁止使用，运煤的车皮再次被驴马拖行代替，这大概是中国近代化进程中最大的笑话之一。李鸿章审时度势迂回前进，6年后，当铁路大讨论再次提到清廷的日程上的时候，他灵机一动，决定想方设法送慈禧太后一个小礼物，让她亲眼见识一下火车的魅力。1888年，古老的紫禁城西苑，从中南海紫光阁起，经北海阳泽门北行，直到极乐世界东面的镜心斋，出现了一条由法国人全额赞助的1 500米的微型铁路，与此配套的还有一台小火车头和六节小车厢。这个可以快速行进的"西洋镜"，成了大清皇族们在深宫后院的游览花车，冥顽不化的慈禧太后在震撼之余，转而明确支持修建铁路，长达10余年的铁路大论战以洋务派的胜出而告终。后来慈禧太后厌烦宫廷中时有机车声响作祟，于是又愚蠢地将火车头驱动改为由太监们拉着车厢在轨道上如乌龟般缓缓爬行，成为晚近中国荒诞滑稽的一幅插图，但这已是后话了。

由上文可知，中国第一条电报、第一条铁路、最早的煤矿、最早的兵工厂全部是李鸿章创办的。李鸿章创办的最棒的企业到今天对很多中国人的生活都有着重要的影响：招商银行就是当时李鸿章的轮船招商局创办的，而轮船招商局是从事航运业务的机构。中国的内河航运业在相当长的一段时间里一直被英国的太古轮船公司垄断。李鸿章创办了轮船招商局 10 年之间，就把中国内河航线的营运权掌握在了自己手中。所以李鸿章的洋务运动对于推动中国军事的近代化、经济的近代化和教育的近代化等方面都做出了巨大的贡献。

甲午战败后，李鸿章更加清楚，大厦将倾、独木难支的道理，他自称是大清王朝的"裱糊匠"，只能倾尽全力为这座潦倒的老屋弥补周全。然而就在甲午战败 6 年后的 1900 年，这位年迈的"裱糊匠"又将面对一次更为棘手难堪的局面，这也是他生命中最后一次为大清王朝挡风遮雨。

李鸿章从国外考察回来，朝廷考虑到南方地位的重要，又委任他为两广总督。此时恰逢义和团运动兴起，慈禧太后向 11 国同时宣战，两宫西狩逃到西安，华北陷入混乱。宣战伊始，李鸿章就深知甲午年间连蕞尔小国日本都未能击败，何况是数国列强。所以，他和两江总督刘坤一、湖广总督张之洞、山东巡抚袁世凯这些晚清重臣联合起来宣布"东南互保"，拒不向列强宣战，使得中国东南方最好的地方避免了生灵涂炭，具体措施为：1900 年 6 月 21 日朝廷宣战之时，东南部的省级官员广东李鸿章、南京刘坤一、武汉张之洞和山东袁世凯一致拒绝承认其有效性，坚持认为这是一个乱命、未经皇室适当授权的非法诏令。他们封锁了宣战声明的消息，同日也封锁了组织义和团员抵抗外国侵略的命令。张之洞巧妙地把 6 月 20 日的关于各总督联合起来保卫他们辖区的命令曲解为他们应该合作，以镇压义和团和保护外国人。在铁路和电信督办盛宣怀的建议下，长江流域总督张之洞和刘坤一以及上海外国领事达成一项非正式的协定，大意是：作为省里的最高权威，他们将保护外国人的生命和财产，并在他们的管辖区内镇压拳民；而外国列强不派军队进入他们的地区。李鸿章、袁世凯和闽浙总督同意这一协议，同时自组了一支联军来解围。7 月 14 日，外国部队占领天津并威胁要开往北京。同一天，13 个东南省份的督抚集体敦促朝廷镇压义和团、保护外国人，赔偿他们在最近的骚乱中蒙受的损失。在督抚的压力下，朝廷的态度暂时有所缓和。为了外国使节及其家属的安全，朝廷允许总理衙门邀请他们搬进衙门，以便将来安排他们安全回国。充满疑虑的外国公使回答说，他们不明白为什么他们在衙门会比在公使馆更安全。7 月 18 日，李鸿章受命于朝廷，要求中国驻外使臣通知各国政府他们驻中国的代表平安无事。一天后，忧心忡忡的总理衙门再次表示，愿意武装护卫外国使节去天津。外国人满腹狐疑，要求总理衙门解释，如果中国政府不能保证在北京的外国使节安全，为什么他们确信在城外以及去天津的路上安全。盟国认为清政府应对公使馆的外国人的生命负责，他们宁愿待在公使馆区等待援救。7月20日和26日，总理衙门分两次给公使馆送了几车的蔬菜、西瓜、大米和面粉。① 中国东南方避免了外国的入侵。

慈禧太后颁布宣战诏书后可能也有些后悔，于是就默认了东南互保行为；等到八国联军进入北京后，点名要李鸿章来谈判；梁启超曾去拜会李鸿章，劝他奉两广独立，建立共和国，自任总统，而李鸿章说自己是清室重臣世受国恩，朝廷危难之际不能袖手旁观，执意赴京签署不平等条约，并留下一世骂名。梁启超感叹道："可惜了中堂大人这般人物，不应该把自己钉在历史的耻辱柱上。"李鸿章回答："卓如，一代人有一代人该干的事。"李鸿章再一次以直隶总督全权大臣的身份，勉为其难地在谈判桌上为腐朽的大清王朝再多争取一点生存的机会。以下是唐德刚先生在其著作《晚清七十年》中对这位老臣的描述，展现出这位大清王朝"裱糊匠"高超的政治手腕和为挽救没落王朝不惜鞠躬尽瘁的决心：

---

① 在短暂的和解期内，即7月14—26日，对公使馆的进攻暂停了12天。

在庚子年间，我们这个腐烂的大清帝国，真能在国际间纵横捭阖，为列强侧目而加意防范者，还是这位老谋深算的李鸿章。李鸿章在一个腐烂而瘫痪了的帝国体制之内，"与妇人孺子共事"（此言论为鸿章与俾斯麦对话时感叹之言）。受制太多而难展所长，终以悲剧人物收场。李鸿章是办外交而受制于内交，夫复何言！而民国外交家顾维钧先生，到头来只能算是个不世出的技术官僚。他在历史浮沉中，终难望李鸿章之项背！李鸿章在甲午战争时"以一人而敌一国"（梁启超语）；全国上下将怨气堆积于李鸿章一人。慈禧太后的懿旨圣旨催促李鸿章回京，撑持大局。

李鸿章此时一身系国家安危。他在广州奉诏时，华南震动。两广臣民和香港英督均深恐李鸿章一去，华南将不免动乱而群起挽留。李鸿章当然知道慈禧太后与满族亲贵沆瀣一气，所以在广州迟迟不行。但是中国将来与八国媾和，李鸿章责无旁贷。

首先，他要弄清当时中国驻列强使节是听朝中当权者的话，还是听他的话。幸好这些使臣如杨儒、罗丰禄、伍廷芳都是他的老班底，他可以如臂使指，对列强情形了如指掌。为争取外援，李鸿章甚至不惜假传圣旨。

其次，他要摸清自己朝中的老底子，看权贵的控制力究竟深入到何种程度。幸好这群小亲贵原只是一群浮而不实的高干子弟。乱政则有之，控制则未必。他们对那些老谋深算的"李鸿章们"的政策，是莫名其妙的。因此李鸿章很快就与奕劻、荣禄甚至慈禧太后建立起秘密管道来。奕劻、荣禄原本是李鸿章的政敌，但紧要关头，此二人对李鸿章言听计从。他二人对慈禧太后的影响力亦不在载漪、载勋之下。这时北京对外的电信已断，但与济南之间的八百里加急仍可跑通，往返一趟需时 6 天，而济南在袁世凯统治下，与各省会、各商埠的电信畅通。所以，华南各地与北京往返讯息需时 8 天。李鸿章派遣儿子经述长驻济南，观察京津并监管电信。因此，李氏对国内外讯息的掌握，都相当正确而完备，可说是达到知彼知己的境界。1900 年 7 月 16 日，李鸿章自袁世凯电报中得知慈禧太后已任命他为直隶总督、北洋大臣，7 月 17 日遂立即北上，22 日抵上海，就正式进入外交前线了。庚子年间，列强对华外交各有其既定的政策，彼此是互争短长、永不罢休。可他们对中国朝野的反应如何，则一向是耳边风，绝不买账的。中国的外交家纵使本事通天，所能做的至多只是在他们之间搞点挑拨离

间的伎俩，使他们鹬蚌相争，收点渔翁之利。所幸的是，
鹬蚌之争是永不休止的，而李鸿章正是善于以夷制夷的
高手。当李鸿章于 7 月 22 日在上海登陆时，那些做贼心
虚的列强外交官总领事，怕他挑拨离间，几乎对他一致
杯葛。对于老李挑拨离间的伎俩，最感恼火的莫过于那
位急于要瓜分中国的法国殖民部长了。他后来曾特撰长
文，警告法国朝野，千万要提防李鸿章的挑拨离间，并
大声疾呼：李鸿章之分化联盟政策已着成效。中国驻外
使节在李鸿章指导下，开展活动对俄秘密交涉；对美法
请求调解；对德国道歉；对日本动以种族情感相召；对
英以长江商业利益之保护为词，把入侵列强挑拨得七零
八落。这位法国殖民主义的大总管对李鸿章的这一套也
无可奈何，只有眼睁睁看他挑拨离间。各色洋人被他玩
弄于股掌之中，也哭笑不得。弱国未必无外交。李鸿章
这次到上海，原是有备而来。至于怎样对付这批小帝国
主义，他是胸有成竹的。他知道海约翰曾于 7 月 3 日向
各国送致备忘录，重申美国在此次事变中对门户开放政
策的坚定立场，并突出保证中国之领土完整、主权独立。
此文件以循环照会方式通知各国；各国无须复文。按国
际公法，受文国如不适时提出异议，则被视为默许。此
备忘录即有协定的约束力。海约翰此前提出得到英国全

力支持的，而美此时在老麦克阿瑟将军（道格拉斯之父）指挥之下的驻菲美军亦有7万之多。故海约翰提出的照会，俄德法日意均不愿说半个不字。李鸿章当时应变的方案大致有如下数种：他要在国际公法里把中国由交战国换成受害国；朝廷不支持义和团；两宫被劫持（有荣禄密电为证）。宣战诏书是矫诏；入侵洋兵是来华助剿叛逆。因此，中国对来华助剿的洋兵固有赔偿军费的义务；但是助剿各国却没有对华要求割地的借口。如此赔款而不割地，大清帝国就可幸免于瓜分了。李鸿章这套义和团叛乱的逻辑，当时竟为入侵列强所默许。其实李鸿章没有力量左右帝国主义，他搞的只是狐假虎威的策略而已。在李鸿章于7月底透过古德纳与美国政府接触之后，海约翰要求与困守东交民巷的康格用密码通信，李鸿章未加考虑便答应下来。自此，美国驻华使馆与美国政府之间密电频频，都是由总理衙门和袁世凯以八百里加急代转的。其他列强闻讯也纷纷提出同样的要求，都被李鸿章花言巧语地搪塞了。李鸿章抵沪后的第二项方案，便是想解散各地的义和团，并把困在东交民巷之内的各国公使送往天津，以化除联军进攻北京的借口，再恳请美国根据门户开放的原则出面阻止。此时的麦金莱和海约翰早有此意，可是这一点他彻底失败了——是所谓外交受制于内交的缘故！

由上文可以看出，谈判的时候，列强对他百般折磨，这个"裱糊匠"在努力实现着清王朝利益最大化。八国联军侵华的时候，沙皇俄国出动 17 万军队占领中国东北，想将之变成"黄俄罗斯"，所以李鸿章在跟俄国公使维特斗智斗勇的过程中，本就已是风烛残年将不久于人世，忠心耿耿追随李鸿章 40 年的老臣周守在他的床边，见其已经咽气，但双目炯炯不闭，便哭出声来："未了之事我辈可了，请公放心去吧！"李鸿章"目乃瞑，犹流涕口动欲语，可伤也"。去世前几小时，李鸿章还留下一首工整的律诗，即辞世诗，足见其国学功底之深厚：

> 劳劳车马未离鞍，临事方知一死难。
> 三百年来伤国步，八千里外吊民残。
> 秋风宝剑孤臣泪，落日旌旗大将坛。
> 海外尘氛犹未息，诸君莫作等闲看。

在这首诗里，李鸿章没有表现出对自己个人境遇的感慨，有的只是对朝廷和国家的担忧。他在签署条约之后重病不起，临终还给清廷上遗表，推荐当时汉臣中能力最强的袁世凯继任直督。袁世凯在任直隶总督的时候，中国才有了最早的警察部队、最早的自来水厂和女子师范学堂。李鸿章在弥留之际，还向儿子李经述口述遗表呼吁朝廷努力实现自强。遗表中，李鸿章提出"举行新政"的政治观点：

> 伏念臣受知最早，荣恩最深，每念时局艰危，不敢自称衰痛，惟冀稍延余息，重睹中兴，赍志以终，殁身难瞑。现值京师初复，銮辂未归，和议新成，东事尚棘，根本至计，处处可虞。窃念多难兴邦，殷忧启圣，伏读迭次谕旨，举行新政，力图自强。庆亲王等皆臣久经共事之人，此次复同更患难，定能一心勰力，翼赞计谟，臣在九泉，庶无遗憾。

离世之前，李鸿章嘴里还在痛骂前任山东巡抚"毓贤误国"，正如毛泽东评价他的那一句："舟大而水浅也。"李鸿章是一个政治强人，但所处时代犹如即将坠入海底的"泰坦尼克号"，大舟为情势所误，徒劳搁浅，是个体在时代中的悲剧。所以"世受皇恩"的李鸿章主观上是为了挽救腐朽的清廷于危难，客观上却大大促进了中国近代化的进程。以下是这个晚清老臣巡游美国接受当地媒体采访时的部分内容，今天读来依然发人警醒。

　　当地时间 1896 年 8 月 28 日，大清直隶总督兼北洋大臣李鸿章乘"圣·路易斯"号油轮抵达纽约，开始对美国进行访问。李鸿章在美国受到了总统克利夫兰的接见，并和美国一些要员及群众见面，受到了"史无前例的礼遇"。

　　9 月 2 日上午 9 时许，李鸿章在纽约华尔道夫饭店接受了记者的采访，本文是 1896 年 9 月 3 日《纽约时报》对这次采访情况的综合报道，李鸿章的回答实事求是、有理有节、不卑不亢。

　　美国记者：阁下，您赞成贵国的普通老百姓都接受教育吗？

　　李鸿章：我们的习惯是送所有男孩上学。（翻译插话："在清国，男孩，才是真正的孩子。"）我们有很好的学校，但只有付得起学费的富家子弟才能入学，穷人家的孩子没有机会上学。但是，我们现在还没有你们这么多的学校和学堂，我们计划将来在国内建立更多的学校。

　　美国记者：阁下，您赞成妇女接受教育吗？

　　李鸿章：（停顿一会儿）在我们清国，女孩

在家中请女教师提供教育，所有有经济能力的家庭都会雇请女家庭教师。我们现在还没有供女子就读的公立学校，也没有更高一级的教育机构。这是由于我们的风俗习惯与你们（包括欧洲和美国）不同，也许我们应该学习你们的教育制度，并将最适合我们国情的那种引入国内，这确是我们所需要的。

美国记者：总督阁下，您期待对现存的排华法案进行任何修改吗？

李鸿章：我知道，你们又将进行选举了，新政府必然会在施政上有些变化。因此，我不敢在修改法案前发表任何要求废除《格利法》（现译《基瑞法案》），我只是期望美国新闻界能助清国移民一臂之力。我知道报纸在这个国家有很大的影响力，希望整个报界都能帮助清国侨民，呼吁废除排华法案，或至少对《格利法》进行较大修改。

美国记者：阁下，您能说明选择经加拿大而非美国西部回国路线的理由吗？是不是您的同胞在我国西部一些地区没有受到善待？

李鸿章：我有两个原因不愿经过美国西部

各州。第一，当我在清国北方港口城市担任高官时，听到了很多加州清国侨民的抱怨。这些抱怨表明，清国人在那里未能获得美国宪法赋予他们的权利，他们请求我帮助他们使他们的美国移民身份得到完全承认，并享受作为美国移民所应享有的权利。而你们的《格利法》不但不给予他们与其他国家移民同等的权利，还拒绝保障他们合法的权益，因此我不希望经过以这种方式对待我同胞的地方，也不打算接受当地华人代表递交的要求保证他们在西部各州权益的请愿信。第二，当我还是一名优秀的水手时，就知道必须学会自己照顾自己。我比别人年纪要大好多岁，从温哥华回国的航程要比从旧金山出发更短些。我现在才知道，清国"皇后号"船体宽阔舒适，在太平洋的所有港口都难以找到如此之好的远洋客船。

排华法案是世界上最不公平的法案。所有的政治经济学家都承认，竞争促使全世界的市场迸发活力，而竞争既适用于商品也适用于劳动力。我们知道，《格利法》是由于受到爱尔兰裔移民欲独霸加州劳工市场的影响，因为清国

人是他们很强的竞争对手，所以他们想排除华
人。如果我们清国也抵制你们的产品，拒绝购
买美国商品，取消你们的产品销往清国的特许
权，试问你们将作何感想呢？不要把我当成清
国什么高官，而要当成一名国际主义者，不要
把我当成达官贵人，而要当作清国或世界其他
国家一名普通公民。请让我问问，你们把廉价
的华人劳工逐出美国究竟能获得什么呢？廉价
劳工意味着更便宜的商品，顾客以低廉价格就
能买到高质量的商品。

　　你们不是很为你们作为美国人自豪吗？你
们的国家代表着世界上最高的现代文明，你们
因你们的民主和自由而自豪，但你们的排华法
案对华人来说是自由的吗？这不是自由！因为
你们禁止使用廉价劳工生产的产品，不让他们
在农场干活。你们专利局的统计数据表明，你
们是世界上最有创造力的人，你们发明的东西
比任何其他国家的总和都多。在这方面，你们
走在了欧洲的前面。因为你们不限制你们在制
造业方面的发展，搞农业的人不限于搞农业，
他们还将农业、商业和工业结合了起来。你们

不像英国，他们只是世界的作坊。你们致力于一切进步和发展的事业。在工艺技术和产品质量方面，你们也领先于欧洲国家。但不幸的是，你们还竞争不过欧洲，因为你们的产品比他们的贵。这都是因为你们的劳动力太贵，以致生产的产品因价格太高而不能成功地与欧洲国家竞争。劳动力太贵，是因为你们排除华工。这是你们的失误。如果让劳动力自由竞争，你们就能够获得廉价的劳动力。华人比爱尔兰人和美国其他劳动阶级都更勤俭，所以其他族裔的劳工仇视华人。我相信美国报界能帮助华人一臂之力，取消排华法案。

美国记者：美国资本在清国投资有什么出路吗？

李鸿章：只有将货币、劳动力和土地都有机地结合起来，才会产生财富。清国政府非常高兴地欢迎任何资本到我国投资。我的好朋友格兰特将军曾对我说，你们必须要求欧美资本进入清国以建立现代化的工业企业，帮助清国人民开发利用本国丰富的自然资源。但这些企业的管理权应掌握在清国政府手中。我们欢迎你们来华投资，资金和技工由你们提供。但是，对于铁路、电讯等事物，要由我们自己控制。我们必须保护国家主权，不允许任何人危及我们的神圣权力。我将牢记格兰特将军的遗训。所有资本，无论是美国的还是欧洲的，都可以自由来华投资。

美国记者：阁下，您赞成将美国的或欧洲的报纸介绍到贵国吗？

李鸿章：清国办有报纸，但遗憾的是清国的编辑们不愿将真相告诉读者，他们不像你们的报纸讲真话，只讲真话。清国的编辑们在讲真话的时候十分吝啬，他们只讲部分的真实，而且他们也没有你们报纸这么大的发行量。由于不能诚实地说明真相，我们的报纸就失去了新闻本身的高贵价值，也就未能成为广泛传播文明的方式了。

综上所述，虽然囿于自身所处阶级和时代的局限，李鸿章没能像康梁孙文那样充当起变法革命的先锋角色，也曾表现出"中国文武制度事事远出于西人之上，独火器不能及也"，以及镇压农民起义的历史反动，但在推动传统中国向近代化转型的进程中，在探索向先进学习的道路上，这位中国封建主义的卫道士在一定程度上还是充当了推动社会向前发展的角色。所以青年学子一代要善于祛除头脑中脸谱化的思维，要学会全方位分析和看待历史人物在时代进程中的历史作用。

~ 第九节 ~

青年学子的治学榜样——梁启超

在天津市区有一座"饮冰室"小楼，其主人是清末民初一位充满争议的人物。他曾追随老师发起变法图强的救国运动，后来却背叛师门起草了讨逆宣言，将老师打成"通缉犯"。他曾大力支持袁世凯出任北洋政府的高官，不久之后又亲笔撰写了讨袁檄文。这位充满争议的人物就是大名鼎鼎的梁启超。

梁启超生于1873年，17岁中举人。1890年，在同学陈千秋的推荐下，18岁的他拜访了时年33岁的康有为。此时已获举人身份的梁启超，少年得志，康有为却还只是一名监生。两人初次见面，一见如故，从早上聊到晚上。梁启超后来追忆这段往事时说，康有为以"大海潮音，作狮子吼"给了他当头一棒，感到以前所学不过是应付科举八股考试的敲门砖而已，根本算不得真正意义上的学问。梁启超决定拜在康有为门下学习新学。

在此之前，梁启超接受的是地地道道的传统旧学教育。5岁读"四书""五经"，"8岁学为文，9岁能缀千言"，12岁考中头名秀才，17岁在广东乡试考取第8名举人，主考官李端棻和副主考官认为他是"国士无双"，都有心把自己的妹妹和女儿许配给这个青年才俊。最后，李端棻的堂妹李蕙仙与梁启超结为连理。这个天资聪慧的少年郎进京会试不第，回家路上在上海买了一本叫《瀛

环志略》的书，他才知道中国以外的"五湖四海"。师从
康有为是"善变"的梁启超人生中第一次"以今日之我
宣判昨日之我"。他的"善变"是世人的共识，他本人
对此也完全认同。在康有为门下，他热心学习新学，呼
吁戊戌变法，无论是在清末民初的政坛，抑或思想领域，
都是一位极其活跃的人物。变法初期，他的政治思想跟
康有为一致，即保皇变法图强。甲午战争中国惨败，康
有为联合 1300 余名举人上书清廷请求变法，作为康有为
最得力的弟子之一，梁启超积极参与了这桩震动中国朝
野的大事，是为"公车上书"。

　　1896 年，黄遵宪在上海兴办《时务报》，梁启超任
主笔，撰写了大量呼吁变法的檄文。两江总督张之洞很
欣赏《时务报》，说这是"中国创始的第一种有益报纸"。
后来，张之洞邀请梁启超到武昌游玩，打开中门迎接这
位才俊，甚至问下属"可否鸣炮"。在当时，这可是接待
钦差大臣的礼仪。

　　1840 年鸦片战争后，清廷被迫打开国门。于是，如
何在西方列强的逼迫之下寻求富国强兵之道，成为几代中
国知识分子的核心课题。哈佛大学中国史专家费正清认
为，近代中国革命远比欧洲革命更为广泛彻底。欧洲革命
是源于基督教文化的传统之内的革命，虽然促成了欧洲经

济和社会体系一系列转变，但其变革主要体现在统治层面。近代中国"不仅经历了政治、经济和社会的革命"，就连影响中国数千年的文化也发生了翻天覆地的转化。

这种转化从"西学东渐"的影响中便可见一斑：李鸿章以及他所代表的洋务派相信"独火器不能及也"，于是开始"师夷长技以制夷"的宏大变革；到了康梁这一代人已经认识到，必须变革文化和政治制度，于是有了戊戌变法。

费正清在《剑桥晚清史》中说："康有为政治纲领的目标是一系列政治改革，这些改革如果付诸实施的话，等于一场'来自上面的根本性革命'——那今日中国早就不是贫弱的样子了！"

"但是，维新变法提出的相关新政措施，涉及政治、经济、文化、教育、军事等方面，包括改革官制，裁汰冗员、废除八股、取消旗人特权、允许平民上言事等，每一项改革都将冲击甚至剥夺既得利益者的利益。加上康有为的《新学伪经考》和《孔子改制考》动摇了广大传统士绅的价值基础，因此，变法受到巨大阻挠并以失败告终，也就在情理之中了。"①

---

① 张鸣. 重说中国近代史 [M]. 北京：中国致公出版社，2012：237.

与此同时，维新党虽为自己冠名改革救国，但思想言论却极为激进。"尝试用革命的手段进行他们标榜的改革，其结果却导致连本来可以成为同盟军的温和派都通通得罪。"① 康有为甚至放出"杀几个一品大员，法即变矣"的这种话。

变法失败后，政局紧张，朝廷大肆捉拿维新党。谭嗣同劝梁启超外逃，因为海外华侨多为广东人，梁启超会讲广东话，便于活动。于是，梁启超剪掉辫子，穿上西服，东逃日本，一去 14 年，还取了一个日本名字——吉田晋。待他结束流亡回国之际，清王朝已经葬身于革命的滔天巨浪之中。

"20 世纪我们使用频率最高的一些中文词汇，比如'政治''经济''哲学''民主''宪法''组织'等，都是梁启超最早从日语引入中国的。在日本和欧美流亡期间，他被当作中国新的知识领袖来看待。"② 在梁启超的故乡广东新会茶坑村，至今还流传着一个故事：抗战时期，扫荡的日军经过茶坑村，听说这是梁启超的故乡，就绕道而去，因此保全了整个村庄。

---

① 张英. 世家 [M]. 上海：上海书店出版社，2011：167.
② 蒋廷黻. 中国近代史 [M]. 上海：上海古籍出版社，2001：89.

　　初到东瀛的梁启超，曾与革命派领袖孙中山交往甚密。革命派元老冯自由回忆道："己亥（1899）夏秋间，梁启超因与中山往还日密，渐赞成革命。"他还联合康有为的 13 位弟子写信给老师："国事败坏至此，非庶政公开，改造共和政体，不能挽救危局。今上（光绪）贤明，举国共悉，将来革命成功之日，倘民心爱戴，亦可举为总统。吾师春秋已高，大可息影林泉，自娱晚景，启超等自当继往开来，以报师恩。"①

　　康有为得知梁启超的革命倾向后，极为恼火，要求其离开日本，到檀香山处理保皇会的相关事宜。表面上，梁启超听从康有为，离开日本后不再与革命党交往，但他与康有为分道扬镳的想法则与日俱增。在致康有为的信中，梁启超说：数月来，和您议论起时事，总是出现矛盾，很难领会您的意思，最后只能表面上答应，回家后头痛目眩。梁启超的这种"弑父"情结，除了日渐不同的政治取向外，也出于一个实际原因——经济窘迫。梁启超流亡海外十余年，主要靠卖文维持生计，生活相当清贫。而康有为出逃国外后，声称自己持有光绪帝的"衣带诏"，从东南亚到北美一路上以"保皇"的名义向

---

① 张英 . 世家 [M]. 上海：上海书店出版社，2011：163.

广大华侨募捐，大肆聚敛钱财，掌握了保皇人士捐助的数百万美金。"梁启超认为，康对自己的接济并不充分，对此颇为不满。"①

逃进日本公使馆的梁启超，在海外形成一股强大的保皇势力，在走之前他曾试图说服六君子之一的谭嗣同一同前往，被谭嗣同拒绝，因为谭嗣同立志要用颈中鲜血唤醒国人。谁知戊戌六君子喋血菜市口时，当时的中国百姓竟以观看杀人场景为娱乐。鲁迅先生的小说《药》，形象地刻画出当时中国百姓的这种看客心态：夏瑜为了百姓的解放而献身革命流血牺牲，他的受益人民却用他的鲜血作为所谓治病的良药，改良派试图用自己的鲜血唤醒国人的梦想归于失败。梁启超为继续自己的变法图强事业被迫流亡日本和美国期间，由于接触了西方众多先进的思想和学说，以及个人境遇的变化导致他的政治主张逐渐发生了转变，从保皇变成立宪。转变发生在1903年。梁启超到美国考察之后，他放弃了之前深信不疑的"革命破坏排满"的主张，从"思想上的迟疑不决"转变为"坚定认同改良主义政治目标"。梁启超对传统暴力革命的忧虑在于，"以中国地域之广阔，国情之复杂，

---

① 张鸣. 梦醒与嬗变——戊戌百年沉思 [M]. 北京：燕山出版社，1998：278.

民众素质之低劣，倘若进行暴力革命，中华大地必然会动乱多年，而收拾动乱残局的人，一定是有极大权术的独裁者"①，这种情形是他所不愿看到的。

1905 年，清朝五大臣出洋考察，镇国公载泽一路同去日本和美国考察。他们出洋后名为考察学习却经常在放荡挥霍中消磨时光，在考察期结束后，由于无法向朝廷交付考察成果，无奈之余竟然辗转找到梁启超，要求其执笔帮助撰写所谓的"考察报告"。经历欧风美雨洗礼后的梁启超曾说："我们立宪党人最看重的是国家有没有一部真正的宪法，如果政体诚能立宪，无论君主制抑或民主制我们都拥护；如果政体不能立宪，无论君主制还是民主制我们都反对。"所以，虽为清廷的通缉犯，但为了实现变法图强的凤愿，梁任公不计前嫌将自己的宪政思想通过皇室成员载泽上呈予朝廷，即《世界各国宪政之比较》。载泽又上书慈禧太后说，立宪有三大好处：第一，皇祚永固。立宪国君主不负实权，不担责任，永远被尊待。第二，内乱可弭。如果实行君主立宪，有宪法推民主，孙中山革命党的威胁就会消失。第三，外患渐轻。西方国家之所以歧视大清是因为只有大清专制，与

---

① 张英. 世家 [M]. 上海：上海书店出版社，2011：168.

西方接轨后，西方列强就不再敌视我们。由于深知慈禧太后最看重的就是手中的权力，载泽进一步解释，国人文化素质偏低，需要教育，至少要有 20 年的预备立宪期，等培养起一代合格的公民再实行真正的民主制度。当然，这也是康梁维新派人士的主张，可惜历史并没给清王朝 20 年的缓冲时间，腐朽不堪的帝国犹如一栋满目疮痍的危楼，最终还是淹没于历史的滚滚潮流中。中华民国建立后，梁启超与恩师康有为彻底决裂，因为康有为死忠于清室，认为德宗皇帝虽然驾崩，但幼主宣统尚在，他支持宣统复辟。辛亥革命爆发，知识分子大多满怀憧憬。鲁迅曾回忆说，民元之时①，他也"觉得中国将来很有希望"。梁启超回国后介入民国政权内部的具体运作，任司法总长，后任财政总长，一战期间还曾参与外交，从"理论的政谭家"变为"实行的政务家"。

袁世凯称帝后，梁启超又毅然举起"讨袁护国"的大旗。云南都督蔡锷在云南起兵反袁，并委任梁启超为讨袁护国军都参谋。在声势浩大的反袁革命下，袁世凯的倒行逆施引得众叛亲离，最终被迫取消帝制，不久后命丧黄泉。在此之后相当长的一段时间里，北洋政府的

---

① 民元之时：辛亥革命之际。

领导人走马灯似的更换，后来又经历了张勋复辟。张勋复辟康有为是首谋，因为他一心想做帝师，这时的梁启超则官拜段祺瑞的讨逆军参谋长。民国官场暗无天日，让他感到制度建设的前提是提升国民素质，于是他转而在教育领域寻求救国之道。虽然梁启超的救国之路充满了坎坷失意，但在教育方面取得了很大的成功，尤其是在对自己子女的培养方面更是如此，"一门三院士，九子皆才俊"被传为佳话。此后，梁先生奋笔疾书著书立说，将个人的主要精力转移到培育"新民"上。他给自己在天津的寓所命名为"饮冰室书斋"，作为他办公协作的地方，著名的"饮冰室合集"就是在这里著成的。

"饮冰"一词源于《庄子·人间世》："今吾朝受命而夕饮冰，我其内热与。"比喻一个人临危受命，而内心忧虑。梁启超兴建书斋的时候，中国正处于内忧外患的艰难时刻，梁先生忧国忧民，内心焦灼，唯有"饮冰"方能得解，便以"饮冰"一词为自己的书斋命名。

1914年，梁启超赴清华演讲，演讲题目为《君子》。他用《周易》中两句关于"君子"的乾坤二卦辞进行发挥，以此激励清华学子发愤图强："天行健，君子以自强不息；地势坤，君子以厚德载物。"他明确提出："他年遨游海外，吸收新文明，改良我社会，促进我政治，所谓君子者，非清华学子，行将谁属？深愿及此时机，崇德修学，勉为君子，异日出膺大任，足以挽既倒之狂澜，作中流之砥柱。"[①]梁启超波涛汹涌般的演讲，给清华师生留下了深刻印象，并对清华学校优良校风和学风的形成产生了决定性的影响，后来清华大学把"自强不息，厚德载物"定为校训。

进入 20 世纪 20 年代后，梁启超的身体每况愈下，家人屡劝其就医，而他本人总嫌"费事"，直到 1926 年初尿毒症加剧，小便中时常带血，才去协和医院治疗。协和是当时中国医疗条件最棒的医院，却在梁启超身上进行了一次失败的手术。最初的检查中，医生发现其右肾有一黑点，诊断为瘤，遂以手术割除，但仍未好转。之后才发现手术割掉的是另外一只健康的肾，这是导致梁启超早逝的重要原因。不到三年，梁启超在协和医院病逝。

手术失败后，舆论一片哗然，反对西医的声音越来越大。梁启超写了一篇题为《我的病与协和医院》的文章，详述了自己的手术经过，公开为协和医院和西医辩

护："我还是继续吃协和的药，病虽然没有清楚，但是比未受手术之前的确好了许多。"

医史学家程之范说："梁启超主要是考虑到当时西医刚刚进入中国，老百姓对西医还缺乏理性的认识，如果这时对协和医院大加鞭笞，最终吃亏的恐怕是老百姓。"

梁启超的确是抱着"愿为众生病"的想法。他说过，"我的乐观，却是从一般人的悲观上发生出来。我觉得这 50 年来的中国，正像蚕变蛾、蛇蜕壳的时代。变蛾蜕壳，自然是一件极艰难极苦痛的事，哪里能够轻轻松松地做到。只要他生理上有必变必蜕的机能，心理上还有必变必蜕的觉悟，那么，把那不可逃避的艰难苦痛经过了，前途便别是一个世界。"

作为过渡时期影响最为深远的人物，梁启超之死与谭嗣同的就义类似，或许就是一种不可逃避的艰难苦痛——以身殉信念，即使自己是受害者，并甘愿为之付出生命，梁启超以善于调整变化而闻名于世。但"变"的宗旨和目的却不变，"我的中心思想是什么呢？就是爱国。我的一贯主张是什么呢？就是救国"。

从戊戌变法到创办报纸，梁启超积极宣传新思想，为开启民智摇旗呐喊。辛亥革命后，他回国参与政治活动，从讨伐张勋逆流到反对袁世凯称帝，两次再造共和。

他继承了近代以来儒家思想中经世致用的传统，并将这一传统转变成新时代的人格和政治抱负，在连续性的变化中，其家国情怀却始终不变，"其方法虽变，然其所以爱国者未尝变也"。

现任厦门大学文学院教授的谢泳老师在其著作《西南联大与中国现代知识分子》一书中谈道："中国大学诞生成长的特点是，虽然起步晚但起点高。现代知识分子群体中，如果把当代知识分子的出生年代以 1920 年为分水岭，则出生越靠前的知识分子往往越优秀。从教育背景上考察，他们中的多数人受的是完整的传统教育，同时又接受了比较完整的现代大学教育，钱锺书他们这一代人中许多人成为中国新的人文学科的创始人；在自然科学方面，1910 年前后出生的那一代知识分子中成长起来的代表人物有钱学森、华罗庚这一批人。"[①] 著名物理学家杨振宁在接受央视采访时曾谈道："西南联大奠定我一切成就的基础；我到美国念博士的时候，美国大学当时有世界最重要的物理系，可是美国大学所教的物理还没有我在西南联大所学的物理那么详细。"上述现象的出现，

---

① 谢泳.西南联大与中国现代知识分子 [M].福州：福建教育出版社，2016：139.

得益于清末民初有一大批像梁启超先生这样学贯中西、高屋建瓴又有家国情怀的知识分子的辛勤耕耘；新中国成立初期，面临外交孤立以及军事威胁的险恶国际环境，我们之所以能在一穷二白的基础上推出"两弹一星"，同样得益于一大批以"自强不息，厚德载物"为价值准则的"当代梁启超们"在艰难环境中勇于兑现"天下兴亡，匹夫有责"的庄严承诺。

从林则徐的开眼看世界到李鸿章的晚年洋务，从梁启超为开启民智的鼓与呼，到炮火硝烟中西南联大学人在高等教育领域创造的学术奇迹，也正呼应了李鸿章当年的判断："一代人有一代人该干的事。"[①]时代在变，但读书人对家国的责任和情怀却没有变。我们经常说对传统文化和前人成果要批判地继承。青年学子需要继承的是向前辈读书人那样，在善变中永远保持不变的精神底色是："崇德修学，勉为君子，异日出膺大任，足以挽既倒之狂澜，作中流之砥柱。"

---

① 梁启超.李鸿章传 [M].南京：江苏人民出版社，2015：137.

第十节

封建主义的卫道士——冯桂芬

江南的深宅大院通常都有着相仿的格局，坐北朝南，门厅、大厅、内宅，三进五进抑或七进，幽幽深深，黑瓦白墙，斗飞檐，金砖铺地，这是安富尊荣的居家风范，威严气派，又堂皇富丽。

在苏州吴县的木渎镇镇中胥江下塘处坐落的冯桂芬故居，便是这样的格局和风范，只不过它的方位却是坐南朝北，门对胥江——由吴相国伍子胥主持开挖成的一条不算宽阔的人工河道。从下塘长棚街西行不远，便可看见"榜眼府第"的长条黄旗迎风招展，很是显眼。"八"字形的门墙正中是气派的砖雕大门，左右各立一只石狮，庄重中透出几分威严。冯桂芬是清道光二十年（1840）庚子科殿试第二名，人们习惯称其故居为"榜眼府第"。木渎是吴县的一个镇，也是出苏州城往西到灵岩、天平、光福、东山的必经之地，周围群山拱列，地理位置特别优越。吴越春秋时，吴王阖闾、夫差在西北方的灵岩山和东南方的姑苏山上造离宫别墅，大兴土木，据《越绝书》记载："阖庐起姑苏台，三年聚材，五年乃成，高见三百里。"战败的越国进贡木材，从水路源源不断运集于此地，使附近的沟壑都拥塞起来，山脚下的这个交集之地的村舍因此得名"木渎"。在苏州西南郊的这个农村集市建立政权，却始于北宋，史志记载："北宋设木渎镇，属吴县，镇以渎名。"从镇名的由来便可知道木渎悠久的历史。木渎西南面不足 5 公里是浩瀚的太湖，胥江和香水溪在镇中交汇，四周是秀丽而又奇险的山峦，有山有水、古雅幽静又不乏淳厚朴实的木渎，被达官贵人和文人雅士选为建造宅院之地，是顺理成章的事情。因此，明清两代这里曾有过 30 多座私家园林，至今还有严家化园、遂初园、虹饮山房、古松园、怡园、小隐园、息园、秀野园、碧山草堂等。在这样的环境中，人中凤凰的才俊之士代有所出，最有盛名的便是"榜眼府第"的主人——冯桂芬。木渎历史上的名人还真不少，著名艺人泥塑袁遇昌、琢玉陆子冈、制银朱碧山、刺绣沈寿，更多的则是官僚学士，如沈德潜、毕沅、叶燮等，自宋大中祥符八年（1015）至清末，木渎一镇共出进士 20 余人、举人 27 人。"榜眼"在吴县的历史上不是最高功名，清代吴县出过状元 7 人，相继为缪彤、张书勋、石韫玉、潘世恩、吴信中、吴钟骏、洪钧。其中，石韫玉以文学成就为人知晓，洪钧是封建社会最先出使欧洲的公使，其余诸人皆少有人知。在小镇木渎"榜眼"却被视为最高学历，冯桂芬也因一本《校邠庐抗议》赢得了世人，包括现今思想界、历史学界知识分子的关注，即便在作者去世后 15 年，这本书经翁同龢的推荐还摆放到光绪皇帝的案头，并被批示精印若干册，令众臣阅读并呈报读后感。

在相当长的时间里，冯桂芬及其具有前瞻性的思想并不如想象中那样为人所谈论，对于绝大多数人，包括相当多的知识分子，冯桂芬称不上杰出的思想家。"榜眼府第"共有门厅、大厅和楼厅三进，大厅西侧有花篮厅和书楼，还有一座江南风格的后花园。在显志堂的楼上书房里阅览有关冯桂芬的著作、经历介绍时，我自始至终都在揣摩《校邠庐抗议》（以下简称《抗议》）这个奇特书名的含义。按照作者在自述里所说，"抗议"二字乃是根据《后汉书·赵壹传》的说法，名之曰"抗议"，即"位卑言高之意"。《后汉书·赵壹传》的原文是这样的："高可敷玩坟典，起发圣意，下则抗论当世，消弭时灾。"冯桂芬没有搬用"抗论"二字，毕竟"抗论"仅是指"下"，一直表示反对的意见，而他还有一层更重要的表白是"高"——启发圣意，这一"高""下"，才是"位卑言高"！那么"校邠庐"呢？冯桂芬31岁时春闱高中，骑马戴花游街过后，被授予翰林院编修，不久担任顺天府乡试同考官，后又改任广西乡试正考官，掌握着发现举人一级人才的权力。10年的官宦生涯后，他因丁忧回到家乡。封建朝廷以孝治天下，父母病殁，是不能不回去尽孝道的。他徜徉在家乡的山水之间，木渎这个具有地道江南风情的小镇足以让他度过余生，但不久，他相继遭遇了两次创痛，一次是心灵上的，一次是亲身经历的。咸丰庚申十年（1860），冯桂芬51岁时，太平军攻陷苏州城，他不得不同其他有身份的苏州人一样避乱沪上，其仓促之况和惶悚之情可以想见；仅仅几个月后，英法联军攻陷北京，咸丰皇帝离京"西狩"消息传至上海，冯桂芬和其他封建知识分子一样，生出一种如丧考妣的亡国悲痛。这是腐朽帝国开始解体的征兆，皮之不存，毛将焉附，这对附着在这张皮上的所有人都是一声当头棒喝。强烈的不安感让他有寄人篱下之感，即便如此，也只能独自排遣。不久，太平军直捣杭州、威逼上海，形势变得更加危急。作为一名虽已游离于官场之外、依然恪守旧有传统秩序的封建知识分子，面对农民造反以及围攻上海的态势，他自觉投身到维护大清王朝的行列中去，应官僚士绅的请求起草告急文书，"陈沪城危状，及用兵先后机宜数千言"，驰书驻军安庆的曾国藩，请求率兵救围。1862年春，李鸿章率组建不久的淮军13个营6 000余人分批鼓轮水路东下，千里跃进上海。1842年签订《南京条约》后，作为五口通商之一的上海，迅速改变了往昔的面貌，一方面显现出经济繁荣的景象，一方面中外文化交融冲突此起彼伏，这有别于吴县木渎农村静谧安详的全新生活氛围。冯桂芬耳濡目染并亲身经历了这些变化，作为极具良知的学人，看到大清帝国在西方列强面前节节败退，又与太平军反复拉锯，内外交困的境况不能不引起他深深的思考。对农民造反的简单镇压和对外来文化的盲目排斥，都是无济于事的，最棘手的问题是要思考一下"自己怎么办"。

在上海租界的寓所里，他陆陆续续写下了42条意见，包括汰冗员、厚养廉、绘地图、均赋税、制洋器、采西学等内容。冯桂芬竭尽心智，把自己对当前社会的思考和应对的办法——倾写于纸上。这是自鸦片战争和魏源等人提出"师夷长技以制夷"方针以来，系统陈述改良意见的文本，其先锋性不言而喻。而先锋派在任何时候都有冒天下之大不韪的风险。知识分子从来不缺少报国热忱，而鲜有脚踏实地的社会实践和身体力行。与脑满肠肥、颟顸愚笨的官僚相比，《抗议》的声音不同于一般人简单的思维方式，而是侧重于理性地深究朝廷在政治、军事等方面失败的原因，以及如何面对在与太平军对垒的过程中，西式武器和与坚船利炮一道裹挟而来的文明所带来的冲击。这是一个封建官员在当时可能做出的最好的文化姿态。一旦摆出这种姿态，文化人的价值也就体现了出来，同时也体现了社会良知。冯桂芬是敏锐的，尽管为李鸿章做了一段时间的幕僚，他也明白不在官场之中，是无力实现自己的政治抱负的，他只是要表达一下自己的"远见卓识"，希望这些见解和提议对国家和社会有所裨益。同时，他又是极为清醒的，"明知有不能行者，有不可行者，夫不能行则非言者之过。而千虑之一得，多言或中，又何至无一可行? 存之以质同志云尔"。这是一个带有悲剧色彩的自问，他明知道在当时自己的声音不会引起别人的注意，所建议的内容也不会有人理睬，但他仍决意将横亘在心间的话语倾吐出来，要引起当权者的注意，即便当时的人们并不理解。这是多么执着的信念和顽强的精神追求! 这无奈的自问中，带有无法消解的愤懑。"自古圣贤皆寂寞"，我们依然能听得到在偌大的深宅大院，回荡着这个苍凉而悲愤的声音。

《抗议》不是什么理论纲领，更不是对外来文化的服膺和礼敬，而是承认其价值却又为封建大国自身的不足而叹息的一种认知上的反映，是现实的教育致使有识之士睁大了眼睛，从而发出的疑虑质问的声音，以及独特的思考和自以为是的疗救措施文字提案。在他写作《抗议》一书的时候，左宗棠、李鸿章、曾国藩也对洋枪洋炮在镇压太平军时的功效及其作用有着强烈的感受。

　　30多年后，光绪皇帝要朝臣们看《抗议》一书，当然不是要以此书作为施政纲领，按照一般的说法，甲午战争以后洋务运动已经破产，何以要用一部时隔多年的小书来为改良招魂，为自己打气？洋务运动是种社会实践，是"摸着石头过河"的探索，本质上拒绝一切理论束缚，采西学、制洋器也只能是建议而已，朝廷军机处的桌上有着无数的关于这等建议的奏章。但不管怎么说，它是符合时代变化的有益之言，其内在精神是与洋务派官员的思想相通的，光绪帝的目的也在于要众朝臣学习这种精神，把冯桂芬的一套理论作为思想和行为的取向来对待，以减少对改革的阻力，而不是要朝臣们亦步亦趋。这是"统一思想"的做法，而不是选择改良方案的决定，纯粹是个策略问题，至于能不能做到是另外的事。"邠"是什么呢？"邠"同"豳"，"斐如邠如"是指文采出色，还是指将这些属于民间的建议如同东周时候豳地的民间歌谣一样呈现出来？或者浅薄地揣想一下，"校邠庐"是不是冯桂芬在租借的寓所之名？正是在这里，他把自己的所思所想记录在案，整理成了8万字的小册子，从而留下了这个"抗议"的文本。细读小册子里的42条，评判其中的批评建议哪些是可行的、哪些是不可行的，在今天已没有多少实际价值了，具有警世意义的是它的价值取向以及作者的思想轨迹。步出"榜眼府第"，眼前一片明亮，由光福而来的香溪水与自太湖而来的胥江水在此交汇，跨越胥江之上的邾巷桥和斜架于香溪上的斜桥，构架了一步两桥的画面，附近的下塘、山塘和西街、石桥、驳岸、河房、河埠，一派小桥流水人家的江南风情。面对苍茫的景致和永不停息的流水，笔者禁不住想：我们离开冯桂芬的那个时代已一个多世纪了，社会的走向和时代的进步不是哪个人能够预料的，冯桂芬更不可能想象，哪怕是一丝一毫。从回顾历史的角度思索，冯桂芬应该是幸运的，如果没有那个动乱的时代逼着他离开这阴森森的宅院远去上海，被迫接受西方文明的熏染，恐怕不会有至今还被人记忆和研究的《抗议》；在这方闭塞的充溢着农业气息的小镇，无论是灵岩和天平之间的上沙村的涧上草堂，还是先贤沈德潜、汪琬的诗文著述，乃至能工巧匠的高超技艺的传承，都孕育不出新的文化精神。没有视野的拓展，就无法有观念的更新，这从冯桂芬的著述和洋务运动的倡导者无不站在社会实践前沿，便可明了了。一位出身封建社会的"榜眼"，旧制度、旧道德、旧文化培养出来的、地地道道的封建官吏，正是社会的变革逼使他从旧宅大院的阴影中走出来，从而朝着一个不同于封建文人而具有新思维的思想

者转变，这就是"榜眼府第"给予笔者的启示；也可能
会给一切忧危国家和民族前途、有志于改变传统思维模
式的人们以启迪、教育。

第十一节

圆明园被焚毁的启示

园林是古代中国重要的景观，其独特之处是能够把自然和人文进行巧妙的融合。因为风格、地域的不同，中国园林分为江南园林、皇家园林、巴蜀园林和岭南园林。清代帝王一年中居住紫禁城的时间不算太长，只有三个月的时间，从农历正月初三到十月初十，居住于圆明园或颐和园。入关后，清廷在北京大力营建"三山五园"。"三山"指香山、玉泉山、万寿山；"五园"为静明园、静宜园、清漪园、圆明园、畅春园。

始建于康熙朝直到咸丰朝才宣告完工的圆明园，是清代著名的皇家园林，因其广阔奢华，也称"万园之园"。被焚毁之前，该园有千余座宫殿，占地 5 200 多亩。1860年英法联军入侵，园内上百万件历史文物被掠夺，圆明园被焚毁，只留下断壁残垣，成为难以磨灭的国耻。需要思考的是，如此奇耻大辱为何会降临于曾经不可一世的"天朝上国"？

1860 年，英法联军攻入北京，放火焚烧了号称"万园之园"的圆明园，但是他们远在异国他乡，居然能够准确无误锁定皇家园林并将之摧毁，这是很难独自完成的，必定有人从旁协助。这个助纣为虐的家伙叫龚孝拱，是他为侵略军引路从而烧毁了这座举世无双的皇家园林。

龚孝拱为人可谓放荡不羁。中国古人将人伦关系分为：君臣、父子、兄弟、夫妻、朋友。龚孝拱说自己无父无君，只爱惜一名小妾，所以他的"五伦"关系只剩下"半伦"，他也因此被世人称作"龚半伦"。龚孝拱精通英文，签订《北京条约》的时候，他作为英方的翻译出席签约仪式。当时的英国公使额尔金受龚孝拱挑唆，对中国政府的代表恭亲王奕䜣百般刁难，以至于奕䜣气得拍桌子大骂："你世受国恩，却为虎作伥甘做汉奸。"但是龚孝拱不以为耻反以为荣，认为以奕䜣为代表的清朝大员是国贼。他自认带着英法联军摧毁圆明园是一件很了不起的"壮举"。

1840 年国门洞开，鸦片战争中，英军累计参战兵力不超过 2 万，而中国是 30 万军队，英军却攻无不克、战无不胜，腐朽不堪的清政府居然认为这只不过是一次偶然的失败：大清帝国爱惜生命，不忍生灵涂炭，所以才不愿跟你们这些茹毛饮血的蛮夷纠缠下去，而且你们犬羊成性，就想偷点儿东西，我们给你就完了。结果你厚颜无耻又来了，还真以为天朝大国惧怕你们？其实在英法联军侵犯北京之前，英法两国就曾派使者跟清政府谈判。但当时的蒙古王僧格林沁看不起英法联军，建议清朝政府把来京谈判的两国 39 名使者全部囚禁，等到一年后联军卷土重来，英法联军在北京通州的八里桥与清朝骑兵决战，决战的结果是清军几乎全军覆没，联军5死20伤。一名法军上尉写了一本回忆录，其中提道：第二次鸦片战争时，来中国打仗就像是一场武装游行，因为双方的实力相差太悬殊了，即便蒙古铁骑极尽英勇，但几乎没等冲到联军阵地前，到不了刀矛能发挥威力的时候，就已经全部倒地阵亡了。当时，僧格林沁摆出一副要跟英法联军死磕的架势，而此时的咸丰皇帝已经仓皇逃到热河，逃亡中给僧王下了一道圣旨："卿以国家依赖之身而与丑夷拼命太不值矣。"言外之意是希望对方去给自己保驾。所以僧格林沁扔下部队，英法联军打进北京，准备解救被囚禁的谈判使节，但进京后才发现一年前被清政府扣留的39名外交使节此时只有18名侥幸存活，剩下的21名全部被虐待致死。英国公使额尔金勃然大怒，感觉虐杀来使的中国皇帝太野蛮，必须给他一个刻骨铭心的教训，于是打算烧毁皇家私家宫殿，也就是号称"万园之园"的圆明园。那为什么不干脆烧毁紫禁城呢？"因为在英法联军眼里紫禁城是国有财产，是皇帝办公的地方，属于国家所有"[1]，因而不能烧毁；而圆明园是皇帝私有的，可以烧毁。共有也好，私有也罢，只

---

[1] 张鸣. 重说中国近代史 [M]. 北京：中国致公出版社，2012：325.

不过是侵略者为自己蛮横的暴行找一个借口罢了。英法侵略者在"带路党"的带领下来到了圆明园。

圆明园被焚在即，周边的百姓是怎样的心态呢？今人将圆明园被焚毁视为国耻，可当时居于今天北京海淀区的万余名百姓居然兴高采烈地尾随侵略者去烧圆明园，甚至连火种都是他们为联军提供的。他们迫切希望圆明园火光冲天，好趁乱劫掠园内财宝。当时的百姓是没有国宝被劫的观念的。皇家的东西毁了最好，趁火打劫拿出一件就够一辈子享用不尽了，没有一丝羞耻感。而且这一幕在近代中国一再重演。第一次鸦片战争时就这样，清政府让百姓帮忙运军粮无人响应，大家认为这是在强征民夫骚扰地方；而英国军队让中国百姓帮忙，反而有人响应，因为英国人付给受雇百姓以银元，而与之形成鲜明反差的是清朝官员只会强征民夫。难怪清廷官员哀叹道："粤民皆汉奸。"

1870年，一名德国人拍摄的圆明园照片中依然清晰可见西洋楼、远瀛观、大水法等建筑保留得尚算不错；戊戌变法时康有为曾经游览过圆明园，回忆说那时园中虽然荒草萋萋，但屋宇还算整齐，不至于像今天看到的残破景象。皇家园林被焚烧后，朝廷驻军撤离，起初是清廷的旧官僚进到园中拆拿石料物件去装修自己的府邸或坟茔，南京紫金山路国民政府主席谭延闿墓前的牡丹花坛就是圆明园的石料；北京大学、北京图书馆和中山公园内均散落着大量圆明园的石构件。清帝逊位后，圆明园成为无人顾及之境地。民国初年军阀混战，北京城里的总统走马灯似的更换，作为一个前朝政权荒废的园林就更是无人管理了。于是，百姓就进去开荒种地、养鸡养鸭、取土建房、下河挖沙等。总而言之，圆明园一共经历了三次劫难：火劫、石劫和土劫。如此一来，这座繁华的园林就算彻底毁于一旦了。

很多人觉得圆明园的毁坏是英法联军放火所致，并不清楚它还遭到过自己人的石劫和土劫。孟子云，"君之视臣如手足，则臣视君如腹心"；《尚书》有"民惟邦本，本固邦宁""民可载舟，亦可覆舟"。君不爱民，民不爱君，所以老百姓才会兴高采烈地加入侵略军的队伍，一同进圆明园里打劫；1900 年，八国联军自通州进京，就在本地征用民夫，结果上万人踊跃响应，组成浩浩荡荡的独轮车队协助联军攻打北京。当时，北京城里有 11 万守军外加 20 多万义和团员守卫，而八国联军不过 18 000 多人，仅 5 小时 20 分钟就破城取胜。区区 1 万余人就能把当时上百万人口的北京城攻破，这时还要用武器装备不如敌人做借口就是信口开河了。八国联军进攻北京时，中国的洋务运动早已完成，当时清军的火枪和大炮数量远多于联军，只是机枪数量略少于联军，因为李鸿章认为西式机枪过于消耗子弹。据统计，联军攻入北京后缴获的清军大炮就多达 600 多门。清军守军由于缺乏战斗意志，联军一来，基本上都作鸟兽散了。

显而易见，这就是一个民心向背的问题，根本没有人愿意为一个腐朽的帝国坚守城池。火烧圆明园固然是国耻，但更应该做的工作是反省、反思，为什么我们会一再遭遇这种国耻？在中国百姓看来，甭管紫禁城的龙椅上坐的是谁，自己被压迫、受剥削的悲惨境遇都是不会被改变的，最后是谁赢了战争都是一回事。

由此，我们也明白了一个道理，当一国的百姓对统治自己的王朝政权无能为力时，在某一历史性时刻，政府同样也对被他统治的百姓无能为力。圆明园被焚毁的教训之深刻，足以为后世子孙所鉴之了。

第十二节

戊戌知识分子的时代局限

颐和园是晚清著名的皇家园林之一，也是慈禧太后和光绪帝恩仇大战的见证者。当年慈禧太后将光绪帝带入皇宫时可谓疼爱有加，细致入微地教导他成为一代明君。据说她对光绪帝的功课要求严格，命他把"四书""五经""百千三"等著作里的文章抄录成小条，粘贴在皇宫的墙壁上便于背诵，而光绪帝的文采也是非常出众。但他 4 岁入宫，生长于深宫之内、妇人之手，对于外部世界和社会的认知近乎到了无知的地步。坊间有传光绪帝非常爱吃鸡蛋，一次能吃 6 个，而一个鸡蛋在当时的价格为 3~5 枚铜钱。可皇帝周围的太监却告诉他，一个鸡蛋的价格为 26 两白银，一两白银约折合 2 000 多枚铜钱。光绪皇帝听后信以为真。翁同龢给他上课时，光绪帝还天真地对老师讲，鸡蛋很好吃就是价格太昂贵，并且询问老师是否每天也以鸡蛋为餐。作为三朝元老，翁同龢对宫廷之内的尔虞我诈了然于胸，知道必是太监信口开河，也不敢多言，只说自家享用不起这等美食。老师的一番言辞让光绪帝对太监的话更加笃定。结果一次召见外省官员，光绪帝便问道："卿吃早餐了吗？"臣子回答："臣家贫，早餐唻 4 枚鸡蛋而已。"光绪帝听后面露惊色，心想朕乃万民之君，一天才吃 6 个鸡蛋，你们居然每日要进食 4 个鸡蛋；4 个鸡蛋的价值高达 100 多两白银，可见尔等必是百姓痛恨的贪官污吏。大臣察觉到皇帝和周围太监的异常反应，知道必有隐情，急中生智才搪塞过去。

由此可见，光绪帝由于独特的成长环境，根本不谙世事；而慈禧太后又非常强势，在她的影响下，光绪帝形成了相对懦弱的性格。颐和园建成后，一次光绪帝专程给慈禧请安，正好碰见对方在吃汤圆，慈禧问光绪帝愿不愿再用些汤圆，已吃过早饭的光绪帝迫于慈禧淫威不敢拒绝，结果慈禧频繁要求他进食汤圆，最后他只能把太后送到嘴边的汤圆藏到黄袍之内。慈禧就是故意让光绪帝丑态尽出，而光绪帝又畏惧于慈禧的淫威不敢抗争。这样的性格在一定程度上决定了光绪帝在未来的维新变法运动中是很难和慈禧分庭抗礼的。随着光绪帝年龄的增长，太后与皇帝之间的关系愈加恶劣也是在所难免。光绪帝之所以要维新变法，固然因为他发誓绝不做亡国之君，不愿步崇祯皇帝之后尘；还有一个重要的原因，就是想借机发动政变从慈禧手中夺回皇权，颐和园就是这对皇家母子走向反目的见证。

中国古代帝王的苑囿分为工作区和生活区，颐和园的仁寿殿就是工作区，即皇帝上朝接见大臣的地方。仁寿殿大致相当于故宫内的乾清宫、太和殿这样的场所。

光绪帝决定变法之际，就是在仁寿殿内接见了康有为。在殿内，君臣经过一番畅谈后，光绪帝感觉康有为言之有理，康有为也觉得光绪帝是有为之主，就询问道："圣上之见既见及此，奈何久而不举、坐致割弱？"意思是，您既然知道要变法，为什么不早变？光绪帝看了看窗外，怕有慈禧的耳目，就说了一句："奈掣肘何！"即便如此，一向羸弱的光绪帝为实现富国强兵的梦想，在戊戌变法中的举措也是可圈可点的。

首先，是他对这次变法的重视程度。我们在影视作品中常能听到钦差大臣宣读圣旨时，开篇语都是："奉天承运，皇帝诏曰。"实际上，这是对历史文化知识的误解。这两句话最早来源于蒙古语，是元朝统治者在撰写圣旨时常用的开篇语——"长生天其力里，大福荫护助里。"明太祖朱元璋把这两句话译成："奉天承运，皇帝诏曰。"也就是说，从明王朝才开始以这8个字作为圣旨的开篇语。这种圣旨也叫"金凤颁诏"，宣旨的场面极其隆重。清朝的皇帝平时在养心殿办公。前三殿为太和殿、保和殿、中和殿，一年中皇帝在此三大殿的办公次数屈指可数。而清朝礼制规定，"金凤颁诏"的仪式必须在太和殿内举行。文武百官、亲王、一二品朝廷大员、郡王、贝子、贝勒都要在殿内跪听宣召；三四品官员则在太和殿门外的台阶上跪听宣召；依次是台阶下的广场上官阶较低的官员跪听宣召。也就是说，在进行"金凤颁诏"时，清朝礼制对不同位阶的官员跪听圣旨的所处位置是有明确规定的。圣旨宣读完毕，被塞入一只木制金凤凰口中，然后由专人将其抬到天安门城楼，再由礼部侍郎在天安门城楼上再次宣读，因为天安门城楼下还有众多无法进入紫禁城的民间士绅、低级官员和普通百姓。宣读完毕，再次把圣旨塞到金凤凰口中从天安门城楼上缓缓移下，由位于城楼下方的官员送往印刷机构进行复制、印刷，昭告天下。这样隆重的仪式只针对极其重要的事由，比如新君登基、皇帝的万寿节、皇后的千秋节、册封太子、对敌国宣战、选进士等，而光绪帝为了彰显对变法的重视，将自己的变法主张昭告天下时采用的就是这种"金凤颁诏"模式。

戊戌变法持续了 103 天。其间，光绪帝颁布的变法措施就高达数百条，但实际上根本不具备落实执行的可能，很多措施严重脱离现实。比如裁汰冗员，其本意是裁撤朝中闲置无用的官员，由于清王朝夺取政权时有赖于八旗子弟兵，入关后，这些八旗子弟不做工、不经商、不务农，国家给予该群体优渥的待遇，希望他们练武打仗。谁知 200 余年的天下太平，没人再重视军事操练。其实，早在乾隆皇帝阅兵时，就出现"上马人堕马，射箭箭坠地"的败象，国家每年"用数百万有用之饷，养此数十万无用之兵"。第一次鸦片战争之前，这帮人就只会提笼架鸟，沉迷茶楼酒肆了。而这帮闲废之人却是庙堂之上的大多数，短时间内要阻断他们的生活来源，阻力之大可想而知。

　　众所周知，任何改革都讲究循序渐进。以戊戌变法中主张的废科举为例，推行新式教育固然没错，但在中国推行了 1 000 多年的选官制度，是众多读书人安身立命的重要方式，教育改革绝非一蹴而就。旧制度再差也比没制度好，既要善于砸烂一个旧世界，还要能够建立一个新世界，只是除旧而不布新，其结果往往是灾难性的。光绪帝在采纳维新派人士有关废除科举选官制度的主张时，并没有拿出配套性的新式选官制度，最终结果便是将传统士子群体推到改革的对立面，增加了改革推行的阻力和难度，为顽固派反扑提供了借口。此外，谭嗣同请求袁世凯发动兵变攻打北京来解救被囚禁的光绪帝，此举再好不过地显示出这帮变法人士的天真和无知。试图以袁世凯麾下 7 000 新建陆军攻陷十几万八旗兵勇守卫的京师重地，包围颐和园解救光绪帝，无异于痴人说梦。由此可见，维新派人士只是空有一腔热血而已。用今天的话讲就是理想很丰满，而现实又很骨感。中国古代帝王士子常把"以身殉社稷"作为最高的人生准则。戊戌六君子中，四名四品官、一名六品官、一名平民百姓。按清王朝的不成文规定，处决官员时其品级越高，行刑时使用的砍头大刀就越钝，其目的就是尽可能加剧受刑人的痛苦。六君子案的监斩官刑部尚书刚毅下令，对六君子全部按一品官来行刑处决，与其说是砍头不如说是锯头。相关记载披露，谭嗣同被刽子手砍了30刀才最终就义。就义前，六位大丈夫有低头不语的，有仰天长啸的，也有慷慨骂贼的，却没有一个跪地求饶。本有逃生机会的谭嗣同慷慨表示："各国变法无不从流血而成，今中国未闻有因变法而流血者，此国运之所以不昌也，有之，请自嗣同始。"他就是要用颈中鲜血唤醒国人，并且对梁启超说："不有行者，无以图将来，不有死者，无以酬圣主。"六位读书人真正做到了"以身殉信念"，为之后投身民族解放的志士仁人树立了光辉榜样。

由于维新人士推行的改革方案缺乏科学的配套措施，不可能得到民众的响应与同情，"唤醒民众"一说更是无从谈起。光绪帝既不掌握国家权力，也没有政治手腕，再加上他倚重的这帮维新派知识分子匮乏的政治素质，可谓是不靠谱的君臣简单叠加在一起，注定了改革失败的命运。百日维新之前，中国历史上几乎所有的改朝换代都是"新司机走老路"，其实最好的方法是"老司机走新路"。比如日本的明治维新，全是一帮曾在过去参与管理国家事务的中下级武士，原来的治国方式落后于时代，现在换一种治国模式，也即使用能干的循吏治理国家。而最差的办法就是"新司机走新路"，而以康有为、谭嗣同为代表的维新人士就是典型的"新司机"，他们甚至连"新路"都没找到就急不可待地上路了。

尤其康有为，真的是有些浪得虚名的意思。人称"南海康圣人"，实际上盛名之下其实难副，他不过是阅读了一些被翻译过来的西洋著作，在当时敢讲他人所不敢讲、言他人所不敢言而已。变法失败后，康有为流亡海外，拿着光绪帝所谓的"衣带诏"到处招摇撞骗，自称要"勤王"，后有人传说所谓"衣带诏"是要给六君子中的杨锐的。康有为拿着"密诏"到海外组织募捐，孙中山先生也搞募捐，但革命党人募捐完是拿着资金去购买军火救国起义，康有为却用募捐资金购置地产声色犬马。他还恬不知耻地自命风流，挟妓游湖有诗为正，其中两句是："南妆西子泛西湖，我亦飘然范大夫。"更有意思的是，康圣人游湖途中看到一名年轻女子在湖边浣纱，就认为这是西施再世，派人打听姑娘的家况并登门提亲。年过花甲的康圣人居然要娶这个18岁的小姑娘为妾。1919年，正值"五四运动"爆发的那一年，康有为在上海与这位小姑娘举行了一场冷冷清清的婚礼。后来，康有为在临终之际还再三叮嘱这位姨太太在他死后不能改嫁。他不是中国维新派的首领吗？就是这位以变革旧制自居的前维新派首领，居然参与了1917年的丁巳复辟，如此康圣人可说是完全站到了历史的反面。

颐和园春日有温馨，秋时露萧瑟，冬日见寒意。这座历史悠久的皇家园林，几乎见证了以慈禧太后为首的"后党"和以光绪帝为首的"帝党"矛盾激化的全过程，也见证了早期知识分子向西方寻求救国之道的艰难历程。它像一位阅尽沧桑的老人见证了近代中国各色人等粉墨登场，又目送着他们悄然逝去，同时也为中国在专制愚昧的梦魇中迟迟不能醒来而溢出淡淡的忧伤。

庚子国难时的晋商遭遇

在中国近代史的演进发展过程中，晋商是极具历史符号意义的一个特殊群体。通常意义上的晋商是指明清500年来的山西商人，他们经营茶叶、盐业、票号等商业活动，其中以票号最为出名。100多年前的中国虽然没有银行，但有票号，人们把银子存入票号会得到一张汇票作为凭证可以异地存取。当年，中国的金融中心位于山西省平遥县，平遥号称当时"中国的华尔街"。

在票号最红火的时候，全国有51家，其中仅山西就独占43家，平遥县又独占22家。当时，山西的票号不但在中国有600多家分号，分号甚至开到了遥远的俄罗斯、日本、英国，可以说凡是有海外华人聚居的地方就有山西票号的分号。当时票号能够调动的资金高达5亿两白银，约折合人民币2 500亿，换言之，从山西发出的汇票能够调集的银两数额可谓是天文数字。所以当时有一句话讲："一纸之信符遥传，百万之巨款立集。"当年中国最大的票号是位于山西平遥的"日昇昌"。日昇昌可称得上是中国第一家民营银行，鼎盛时期甚至拥有搅动大清经济命脉的能量。在中国近代风云变幻之际，日昇昌做了三件大事：

第一件，《南京条约》签订后清政府赔偿英国2 100万墨西哥银元，折合清政府官银约一千五六百万两。当时国库储备不足，需要地方各省往中央解银，仍无法一时调拨齐所需的庞大资金。按照《南京条约》的规定，自条约签订之日起三年内必须交清赔款，清政府每年向英帝国主义的还款数额是恒定的。这时，日昇昌的大掌柜雷履泰就托朝中官员给道光皇帝带话，表示日昇昌愿意帮朝廷分忧解难，可以汇兑所需银两。起初，道光皇帝不信日昇昌能够完成如此艰巨的任务。毕竟在中国古代"商"居四民之末，但又别无他法，只能抱着试试看的心态让这个民间票号赶来救火，结果日昇昌如约将所需银两汇兑齐全，帮助道光皇帝解了燃眉之急。道光皇帝感触极大，由衷赞叹："想不到日昇昌真的能够汇通天下！"并且为其御笔题写"汇通天下"四字。

第二件，道光皇帝驾崩之后，文宗继位，就是咸丰皇帝。恰逢太平天国运动，朝廷调兵平叛需要支出巨额军饷，此时户部存银依然不足，又需要各省往中央调拨银两700万，各省能够调拨的仅为100万两。又是这个日昇昌，站出来表示愿意为朝廷分忧，依然如期足额把各省的饷银解到户部。

第三件，就是庚子赔款，仍是依靠山西票号汇兑所需相关费用。

也就是说，清政府的三个危难时期都是靠山西票号帮助完成资金运转的，才使国家的财政不至于崩溃瘫痪。由此可见，晋商在中国近代史变迁中扮演着举足轻重的角色。

　　山西省太谷县有一座往昔晋商巨贾的院落——曹家大院，又称"三多堂"。"三多"是指"多子""多福""多寿"。曹家也是成功晋商的杰出代表，极盛时期其资产高达1 200万两白银。在三多堂里摆放着一口用80多斤白金、黄金、乌金和水晶制作的火车头钟，这口钟本是法国使臣送给慈禧太后的贡品，一直珍藏在宫中。那么，这样一件价值连城的宝物是如何辗转来到山西曹家的呢？这背后还关联了一段屈辱悲惨的历史。说起这尊金火车头就不能不提庚子国难的故事，慈禧太后带着光绪帝、隆裕皇后三宫仓皇西行落难曹家，并由此接下一段因缘。

　　戊戌政变之后，慈禧太后将光绪帝囚禁，中南海瀛台出现了一位"头戴皇冠的囚徒"，成为中国历史上最高级别的政治犯。慈禧太后对光绪帝的怨恨与日俱增，准备罢黜其帝位，另立新君。经过仔细筛选，最终决定推选端郡王载漪的儿子溥俊为大阿哥，养在宫中，为光绪帝建储。之所以准备立他为储君，是因为端郡王载漪的福晋是慈禧太后的侄女，这样的安排有不让大权旁落的政治考量。慈禧还将下一任皇帝的年号定为"宝庆"。然后，她把此事通报给西方列强在京公使，没想到公使们都拒绝承认这位"新建储君"。因为在西方列强眼中，废立皇帝是国之大事，得走法律程序，不能违法办事。慈禧回复列强此乃家事，与各国无关；而列强坚持认为此为国家大事。慈禧恼羞成怒回复列强，皇帝有病无法履行自身职责，需再立新君。面对此种借口，众公使坚持要派医护人员进宫为光绪帝诊治，一名法国军医得以为光绪帝做了全方位的诊断并写出了系统而又详细的诊断报告，显示皇帝身体很康健，只是略带心情忧郁。戊戌变法失败后，光绪帝被囚禁在三面环水的中南海瀛台共计 10 年，心情当然抑郁。所以各国公使照会总理事务衙门，从此之后只承认光绪帝为大清国唯一的合法君主。慈禧顿时火冒三丈，恰逢此时义和团运动兴起，20 多万手握刀枪的民间团体，既杀不尽又束手无策，又逢在清政府与西方列强矛盾凸显之际，这个民间组织提出"扶清灭洋"的口号，慈禧太后便心生让其与西方列强火拼的阴谋。也就是说，慈禧想的是让数十万义和团员当炮灰，如果侥幸成功，她废帝的愿望就能实现。20 多万声势浩大的义和团员从山东到达京师门户涿州，当时执掌国政的慈禧倍感吃惊，于是派遣大学士刚毅、赵舒翘赴涿州去刺探虚实，这帮朝廷大员回京复命时对慈禧讲，义和团员忠勇可嘉、神勇无比。慈禧听后暗自庆幸，认为民心可用，更加坚定了利用义和团力量对抗西方列强的决心。义和团进京后，当时的庄亲王载勋、端郡王载漪竟然带头在王府设坛与义和团员互动，载漪还伪造了一份报纸，上面的内容是各国要求慈禧太后退位，要求她将权力还给光绪帝，并且提出大清的国防军由列强各国来指挥管理。

慈禧太后为此怒不可遏，迅速召开御前会议，在此背景下一帮守旧派大臣在朝堂上怂恿慈禧向列强宣战，说与其贻羞万古不如大加挞伐。支持戊戌变法的光绪派大臣大多数是留洋归国人员，对此主张群起反对。比如内阁学士联元，站起来对慈禧太后说，一旦开战洋兵必破京师，京城鸡犬不留，须要三思；驻外公使许景澄当时在朝里做侍郎，也是激烈反对。光绪帝不顾傀儡之躯，激动地站起来拉住许景澄的手问："许卿，一旦跟列强开战有无取胜的把握？"许景澄说："一旦跟列强开战，你我君臣死无葬身之地。"光绪帝一听此话顿时在大殿上痛哭流涕。九卿之一的袁昶也激烈反对和列强宣战，结果这几位反战派大臣都被送到菜市口问斩。慈禧说："列强也好，大臣也罢，谁让我一时不痛快，我就让他一世

187

不痛快！"迂腐不堪的慈禧太后将国事当作家事来处理，同时向 11 国列强宣战。滑稽的是，宣战诏书却起草了 12 份，慈禧太后要求有一份要专门送给总税务司赫德，因为在守旧派大臣眼里赫德最可恨。

在此大背景下，义和团员在部分清军的配合下围攻了东交民巷使馆区。列强紧急调兵救援，帝国主义联军堪称不折不扣的杂牌军，共约 16 800 人就敢进攻城宽地阔的北京城。各国列强约定，从凌晨 3 点开始，八国联军一窝蜂进攻北京。其中，英国出兵 3 000 人，印度人占 1 500 人，还包括 802 名由香港和威海卫华人构成的华勇营；法国出兵 1 500 人，主要由越南人构成；剩下的联军成员分属其他 6 个列强国家。

当时，美军攻打到安定门下，只见一大段城墙竟然无人防守，可见清军布防之仓促。美军解下绳套，套住城墙垛子爬进城内；英军更聪明，顺着崇文门的水关就着护城河爬进城内攻破水门，瞬间解了东交民巷使馆之急；只有日军比较善战，猛攻广渠门，恰好是清军布防重点，伤亡较为惨重。5 小时 20 分钟后，有十几万清军和 20 多万号称刀枪不入的义和团员守卫的北京城被联军攻占。

当联军攻破东直门时，慈禧太后还在宫里紧盯时钟，妄想着洋鬼子被杀得片甲不留，结果太监慌慌张张进宫报告京城沦陷。慈禧根本没想到北京城会在如此短的时间内就被攻破。慈禧一行达官贵人仓皇出逃，把宗庙社稷、黎民百姓统统抛于脑后。八国联军侵略者进城后，对无辜百姓进行屠戮。他们在城内烧杀抢掠、无恶不作。当时的北京东西城内很多高门大户都被灭门洗劫，有一家 30 多口悬梁自尽。

联军士兵个个手持本国国旗，看到高门大户就闯进宅内国旗一插，便将院内财物据为己有。统治者轻易发动的战争，却给无辜百姓带来了深重的灾难。用当时德国统帅瓦德西的话讲："中国这次所遭受的损失永远无法详细统计出来。"他对麾下的士兵说，勇士们万里迢迢到达北京实属不易，因此允许他们进入紫禁城"参观游览"，可以顺便拿一点"纪念品"回去。紫禁城内的六朝文物琳琅满目，联军攻入北京是八月，时值盛夏，俄军却换上御寒大衣到紫禁城"参观"，因为大衣更易于携带文物财宝。后来内务府对各殿文物损失都做了一个不完全统计，每一个都是长达十几页的内容。日军一进北京直奔清王朝户部，结果户部的 300 万两存银被洗劫一空；美军则直奔礼亲王府，列强知道清朝 12 个铁帽子王爷中礼亲王为王中首富，将礼王府里的 200 万存银也据为己有。

联军往山西进军只打到娘子关，并未进入山西。慈禧太后仓皇逃窜到山西境内，一路上风餐露宿坐着骡子车颠簸了数百里，感觉已脱险境。此时正是彰显皇家气派的时刻，问题是逃得极为仓促，随身物品中没有多少可以用来装点皇家门面的金银细软，但他们的落脚处多的是票号，众多晋商富可敌国。于是，朝廷就跟山西的富商巨贾筹借可以彰显皇家气派的黄白之物——20万两白银。各大票号也深知一旦兑付，基本是肉包子打狗有去无回，所以有的商号借，也有的商号不借，而曹家恰好属于前者。之后，两宫逃到西安。一年之后，《辛丑条约》签订，两宫回銮。回銮之后，慈禧太后想起来还欠着外债没有还，而朝廷欠钱不还属于失大信于天下，但此时国库空空，老太后想起来还有一个价值不菲的金火车头可以派上用场，于是以曹家报效朝廷有功为由，将这个宝物赐给曹家，意思是要用这个东西来抵销朝廷所欠的债务，要是还有怨言就属于恬不知耻。曹家上下也只能是打掉牙齿往肚里咽，只当报效朝廷、为国尽忠，然后将火车头钟用心装裱，好为以后曹家的生意兴隆提供庇护。

回望历史，我们可以看出，战争常常意味着国破家亡。《孙子兵法》里讲："兵者，国之大事；死生之地，存亡之道，不可不察也。"战争之后，对于统治者来讲，多少人伤亡可能只是一个简单的数字，但对于牺牲将士的家庭来说却是山崩海啸式的覆灭。因此唐诗有云："可怜无定河边骨，犹是春闺梦里人。"前些年，日本某电视台的记者曾在街头采访过当代日本青年，问他们是否愿意为国牺牲。受访的日本青年说："一个需要国民为之而死的政权，还是灭亡了好。"可见，经过几十年的和平发展，现在的日本国民变得比二战时理性很多。一个负责任的政府，在战与和之间能够做出选择时，一定是选择后者。只有在别无选择的时候，那才是："地不分东西南北，人不分男女老幼，皆有抗敌反侵略的责任。和平未到绝望的关头，绝不能轻言放弃和平；牺牲未到最后关头，绝不轻言牺牲。"慈禧太后为了一己私利，利用义和团盲目排外的心理，将4亿5千万中国百姓绑上战车，给中华民族留下了深重的灾难。由此也充分说明，绝对的不受约束的权力，是打开地狱之门的一把钥匙，其最终的归宿是把国家和人民推向万劫不复的深渊。

回到本文开始时谈到的晋商，他们大多在清朝后期和民国初年走向衰落或灭亡。这些富商巨贾之所以沦为专制王朝的殉葬品，究其原因是因为他们属于统治阶级的附庸。一言以蔽之，晋商通过为专制政府服务而获得商业特权，始终依托于朝廷，为政府服务而兴盛。当专制政府走向灭亡时，晋商也必然祸及自身。无论是山西第一大票号日昇昌于 1914 年关门停业，还是盛极一时的巨贾曹家走向衰败，都是这一论断的最好诠释。

地理大发现对世界潮流的影响

古典小说《金瓶梅》第十六回中，李瓶儿丈夫早亡，她准备改嫁西门庆，李瓶儿对西门庆说："我们家茶叶箱子里，有二百斤白蜡，四十斤沉香，八十斤胡椒，两罐子水银，你去把这些东西卖了咱盖房子。"大多数读者看到这里可能并不会留意这段对话的内在含义，但稍做揣摩就会发现，《金瓶梅》虽然是以宋朝为社会背景创作的，但其实是明朝时期的小说，反映的是明朝社会。也就是说，在我国明朝时期，沉香、白蜡、水银、胡椒都是稀有珍品，很值钱，尤其是胡椒，中世纪的欧洲人称胡椒为"黑色黄金"，所以李瓶儿才会储存这些东西，关键时候这些东西就是硬通货。

英国女王伊丽莎白二世在 1979 年访问美国时，参观了著名的"圣三一大教堂"。该教堂的大主教跟女王开玩笑说："当年这块土地是英国国王特许给我们的。"当然，特许土地的英国国王还处于斯图亚特王朝或都铎王朝时期。因为当时的英国国王特许土地的条件是一年交一粒花椒作为教堂的地租。所以大主教对伊丽莎白二世说："教堂好多年没交过地租了，现在把地租给您补上。279粒花椒，一口气补齐。"女王兴高采烈地收下了拖欠 279年的地租。这说明，即使到了新航路开辟后的 18 世纪1700 年代，胡椒也是极其珍贵的物品。

　　而且，欧洲人以肉制品为主要食物，在没有冰箱等任何制冷设备的年代，肉类不容易保存，时间一长容易腐烂发臭。所以胡椒、大料、肉桂等这些气味凝重的佐料，也就是被欧洲人称为香料的东西，被运到欧洲大陆后，一时成为当时欧洲肉食者储存食物的绝佳选择。更为重要的是，西方人相信，人死之后是要去见上帝的，所以尸体需要进行防腐处理，当时最好的防腐办法就是在尸体上涂抹香料，欧洲人也喜欢这样做，而且出身越高贵的人越是钟情于此。由此可见，西方人对香料的渴望极度强烈。郑和下西洋让中国变成了当时出产香料的大国，欧洲人对香料趋之若鹜，致使包括胡椒在内的香料价格昂贵，明朝政府甚至把胡椒作为各级官吏的俸禄。

　　当时的欧洲还很穷困，但偏偏流行的货币是金币、银币，自己国家匮乏，就将视线转向了其他国家，他们认为东方是盛产黄金和白银的地方，尤其是一个叫中国的地方遍地黄金，甚至盖房用的瓦片都是用金子做的。但实际并非如此，让欧洲人产生这种重大认识偏差的罪魁祸首就是马可波罗的误传。

　　据马可波罗自己说，他来过中国，曾面见忽必烈，而且还在扬州做过三年的达鲁花赤，大致相当于今天的扬州市委书记。由于思乡心切，于是跟忽必烈请假并护送元朝公主嫁到伊尔汗国（今天的西亚地区），然后返回自己的家乡威尼斯。由于当时威尼斯与热那亚打得如火如荼，马可波罗为了报效祖国，组织舰队参加战斗，但兵败被俘。在狱中，与狱友聊天时说起他到中国的见闻。说者无心听者有意，和他关在一起的一个神父就用拉丁文把马可波罗吹嘘的内容记录下来，写成了《马可波罗游记》，没想到一经发布就风靡西方，还掀起了到东方淘金的热潮。

其实在中国古代，贵重金属同样极度缺乏，货币也主要是铜钱，五代十国时期的军阀豪强甚至铸造过泥钱作为流通货币，白银成为主要货币是在明朝后期地理大发现后才有的。

欧洲人珍视金银，为了表达对宗教的虔诚信仰，便把金银都耗费在教堂的修葺上。放眼欧洲的教堂，几乎都是金碧辉煌、美轮美奂。比如德国的科隆大教堂，是欧洲北部最大的教堂，整个建筑高达 157.3 米，相当于我们今天 50 多层的摩天大楼，除非远距离眺望，否则不可能观赏到它的全貌。意大利的米兰大教堂，外部有几百尊圣人雕像，正中间一个镀金圣母，举着意大利国旗。当时修建这些建筑时是用石头堆砌而成，并没有今天的钢筋水泥，可见，中世纪西方的教堂建筑群可谓是人类建筑史上的奇迹。科隆大教堂的修建时间超过 600 年；米兰大教堂建筑时长也长达 511 年；西班牙的圣家族大教堂从 19 世纪 00 年代开始修建一直到今天还没有完工；法国的巴黎圣母院，两个钟楼没有尖顶，原因也是资金短缺。西方人之所以修建如此雄伟豪华的大教堂，原因在于他们想让教堂容纳更多的人，满足本地八成居民同时进入教堂进行宗教活动的需求，他们信奉上帝面前人人平等，不管你是公爵还是农民，只要是这个城镇的居民就应该进教堂去做礼拜。所以教堂的规模与本地的人口规模成正比。中世纪的欧洲是一个教权至上的社会，人人都有虔诚的信仰，教堂的宏伟壮阔突出了神的伟大和人的渺小。修建如此高大的教堂是一件斥资极其巨大的工程，资金自然就无法得到满足。所以对于他们对马可波罗描述的黄金之地十分狂热，也就可以理解了。黄金和香料也成为欧洲人开辟新航路的主要动机。

去过天坛、地坛的人都会发现，天坛呈圆形，地坛呈方形，这是因为中国古代有天圆地方的说法。帝王们为了更好地与天地感应，获取天地之神的佑护，就把祭坛按照天圆地方的学说建成了今天的这种形状。但是同时代的欧洲人更相信地圆学说，也就是说，地圆学说在新航路的开辟过程中是最重要的知识储备。当然，也需要物资储备。

海上航行方向最重要，要想指明方向，指南针就必不可少。中国人发明了指南针后，与中国进行贸易往来的阿拉伯人将此项技术传到了欧洲。除了传播指南针技术，阿拉伯人还将中国的隔舱化造船技术传到了欧洲。欧洲早期的航船有一个最大的缺点，就是没有实行隔舱化的设计。隔舱化是指一艘船的船舱被分割成若干个水密舱，这样如果遇到一部分船舱进水，就不会影响船体的正常航行。欧洲之所以没有这样设计，原因在于欧洲文明起源于欧亚非三洲环抱的陆间海——地中海，地中海周边地区海啸、地震等自然灾害的发生频率较小，这一地区海上岛屿又多，船只在航行过程中补给便捷，因此，不需要建造较为坚固的隔舱化船只，简单的划桨船就能满足航行需求。法国地中海舰队的划桨船一直到18世纪才逐渐退出历史舞台。而中国海情复杂多变，比如中国的内海——渤海，常有汹涌的海浪。外海海情就更为复杂多变，这样的海情对海上航行的船只质量提出了较高的要求。所以中国在早期就发明了隔舱化的航船。

另外，阿拉伯人在与西班牙交战的过程中，又让欧洲人第一次领教到了火药的威力。当时阿拉伯人占据西班牙半岛，西班牙人发起收复失地的战争，双方在瓜达拉哈拉作战，阿拉伯人在战斗中除了使用传统的抛石机、弓箭等作战武器外，第一次使用了让西班牙人闻所未闻的大炮，炮声过后樯橹灰飞烟灭。

总之，阿拉伯人的一系列行为，客观上推动了这些技术在世界范围内的运用与传播。

造纸术进入欧洲也颇具传奇色彩。在造纸术进入欧洲之前，欧洲人是在羊皮上写字，与纸张相比，把羊皮作为信息传播的媒介，非常不利于科学文化的推广和普及。历史的巧合往往是推动社会进步的加速阀，公元751年，大唐王朝跟阿拉伯在怛罗斯发生了一次不大不小的军事冲突，这次军事冲突以唐王朝兵败而告终。这次军事冲突从胜负结果来看可谓是无足轻重，但是这一仗最了不起的地方在于阿拉伯军队的胜利，大大促进了欧洲社会文化艺术的飞速发展，因为被阿拉伯军队俘获的唐兵里，有精通造纸技术的工匠。因此，造纸技术也随着这帮唐军俘虏进入了阿拉伯。中国传统的造纸术是以树皮、草根、旧渔网等廉价物品作为造纸原料，由于造纸成本低廉、纸张易于携带和保存等特点，纸张开始在阿拉伯传播，之后又在与欧洲的交往过程中传递到西方世界。

现在已知的中国四大发明，至少有三种是通过阿拉伯传到欧洲的，由此可见，阿拉伯所处的东方和西方的枢纽位置多么举足轻重，一边是传说中遍地黄金和香料的东方，另一边是极度渴望黄金的西方世界，中间的波斯人和阿拉伯人从事着倒卖贩卖的营生。之后由于奥斯曼土耳其帝国崛起，迅速扩张并地跨欧亚非三洲，于是就垄断了东西方贸易的旧商路，这让欧洲人与东方人进行的贸易成本飙升。为了节约成本，欧洲人就有了开辟新航路的想法。

我们都知道，郑和第六次下西洋时病逝于卡里库特，他的副手将他的遗体和船队带回到中国。80多年后，葡萄牙人达伽马远航到达印度的卡里库特，达伽马团队从印度劫掠了大批香料回到欧洲出售，获得相当于这批香料成本约40倍的巨额利润，由于新航路的成功开辟，之后的航海家们受巨额财富的诱惑，前赴后继踏上探险之旅，香料群岛、摩鹿加群岛相继被发现，这些东西源源不断地运往欧洲。1492年，哥伦布代表西班牙王室开启自己的远航之旅，3艘船，150人，经过数月的艰苦远航后，误打误撞登上美洲大陆，但当时他认为自己登岸的地方是印度。在不久之后，哥伦布的同胞阿美利加证实，哥伦布发现的地方不是印度，而是一块欧洲人从未涉足的新大陆，所以用阿美利加的名字命名为阿美利加州，就是美洲。其实早在公元 1000 年左右，北欧海盗维京人就曾登上了美洲大陆，只是没有对自己的行程进行记载。由此可以看出，葡萄牙人开辟新航路到达亚洲和非洲，而西班牙人发现了美洲。麦哲伦又代表西班牙在 1519—1522 年完成了环球航行，并因此发现了太平洋，他最伟大的贡献是证实了地圆学说的科学性。这几位航海家开辟出了人类前所未知的新航路。

当然，开辟新航路最大的成就是发现了美洲大陆。400 年间，西班牙人大力发展美洲，从美洲运走的黄金多达 250 万公斤、白银 1 亿公斤，据说，这些金银如果打造成一米宽一米厚的渡桥，能横跨大西洋两岸，这些贵重金属在西方世界转化为推动社会发展的资本，大大加速了人类历史发展的进程。

但同时，地理大发现的另一重要影响是给美洲和非洲的土著居民带来了深重的灾难。当地的土著居民，就是哥伦布说的印第安人，这些人由于常年与世隔绝，特别是与文明世界隔绝，所以他们基本上还处在史前文明时代。1 000 多个部落，200 多种语言，彼此之间没有交流，生活生产中既没有铁器，也没见过马匹，非常落后。所以 100 多个西班牙士兵就能征服印加帝国，放一条狗就能咬死 50 个印第安人，这些土著居民手无寸铁，木棍上镶嵌些石片作为武器，根本不可能与身穿铠甲、手握火绳枪和金属剑的西方殖民者斗争。

哥伦布发现美洲大陆时，中美洲的印第安人为 1 800 万，75 年之后还剩 23 万。西班牙人将霍乱、天花等传染病病菌带入美洲大陆，印第安人对这些病菌没有免疫力，人口锐减。为了大量掠夺财富，西班牙人又开始了长达数百年臭名昭著的贩奴贸易。

去过欧洲的人，都会有一个特别深刻的印象，就是当地的甜食可以说是甜到了极致，齁得无法下咽。他们之所以将甜食做成这样，可能与欧洲甜食极度短缺的历史有关；甜食的短缺让其变得昂贵，日本公卿嫁女，一定要在嫁妆名单里标明有多少粒糖果；欧洲伯爵留下的遗嘱里要写明自己的遗产里有多少桶蜂蜜。新航路开辟，发现美洲之后，甜食开始大量进入欧洲的千家万户。古巴因为甘蔗而被称为"世界的糖罐"，那是因为种植甘蔗需要大规模人力密集型作业，正好黑奴的出现帮助了甘蔗的盛产。400 多年来，非洲损失了一亿精壮劳动力，其中 2 000 万到达美洲，剩下的 8 000 多万死于去往美洲的途中。

历史的进步必然要有人为之付出代价，不幸的是，亚非拉国家和地区在这一过程中扮演了这一角色。但不可否认，也正是地理大发现后，人类才有了完整意义上的世界史，在此之前，只有地区史和国别史，全球化时代的开端是地理大发现。

地理大发现之后，物种、人种、文化，甚至是传染病，开始在各大洲之间相互往来。这种现象有一个专业名词叫"哥伦布大交换"，这种大交换给人类带来了一个崭新的外部世界，打破了一个又一个的已知，这样就引发了众多的思考，比如，这个看上去杂乱无章的世界是否存在某种联系或客观规律的指引？于是，比较学、分类学等学科开始流行，西学东渐之风日盛。

关键是，地理大发现对世界经济也产生了极其深远的影响。历史学上有一个名词叫"商业革命"，地理大发现之前，欧洲最发达的地方在地中海沿岸，如威尼斯、热那亚、佛罗伦萨都可谓是富可敌国。但新航路开辟后，各种贸易往来都离不开大西洋，穿梭于大西洋两岸的船只开始密集，于是经济往来进入了大西洋时代。大西洋两岸的国家和地区，如英国、法国、西班牙，甚至是小小的荷兰也开始迅速崛起。今天的人类社会仍然处在大西洋时代，尤其是北大西洋时代，如今经济、军事实力最强劲的国际组织之一就是"北大西洋公约组织"。

新航路开辟后对经济社会还有一个影响，就是"价格革命"，这对欧洲社会的影响更为深远。新航路开辟前，欧洲物价较为低廉，因为经济运行中流通的货币总量较少。地理大发现之后，美洲大量的金银涌入欧洲，货币总量激增导致物价上涨，而这种现象导致的结果就是资产阶级获得丰厚利润，自身力量不断壮大，但传统的封建贵族却逐渐走向没落。因为封建贵族与他人订立的契约合同相对稳定，不能因货币的贬值而随意改变契约内容。比如，以前按契约规定交付贵族 5 枚金币，现在依然按 5 枚金币的交付额履行义务，这样就极大摧毁削弱了传统封建贵族的经济实力。在此大背景下，随着资产阶级力量的不断壮大，封建贵族的日益没落，文艺复兴和启蒙运动开始出现。

令人倍感遗憾的是，在浩浩荡荡的世界潮流中，中国这个老大帝国却错失发展良机。在达伽玛完成环球航行的七八十年之前，中国的郑和就率领庞大的船队西洋远行，不过 7 次下西洋并不是为了开疆辟土获取财富。史书记载："成祖疑惠帝亡海外，欲踪迹之，且欲耀兵异域，示中国富强，故遣三宝太监下西洋。"[1] 数次规模庞大的远洋外交，让明朝政府为此付出了 600 万两白银的财

---

① 南炳文，汤纲 . 明史 [M]. 上海：上海人民出版社，2012：156.

政支出。明朝政权是中国统一王朝里财政最困难的王朝，收入最高的年份约1 600万两白银，最少的年份则跌至450万两白银。而郑和带回到中原的东西，无非是些长颈鹿、大象、犀牛、雄狮、祖母绿、胡椒、苏木等，主要充实了皇家动物园、皇家首饰盒和皇家调味罐，可以说对中国社会经济的发展作用微乎其微。所以，到了嘉靖年间，有人提议追寻郑和足迹再次出使西洋，出兵增援马六甲打败西方人的入侵，以此彰显中国的富强，但兵部尚书刘大厦持反对意见，他冲进档案室，拿起郑和下西洋的海图和他的宝船图纸，投入火堆付之一炬。在忧国忧民的臣子们看来，成本高昂、耗费饷银无数的无效远洋外交，无异于祸国殃民，有亡国丧权的危险。这也导致郑和下西洋的宝船是什么样，今天只能凭借猜测和想象了。

因此梁启超说："西方一哥伦布之后无数继起之哥伦布，中国一郑和后再无郑和。"西方航海家挣回了巨额的金银财宝，我们却亏损了数百万两白银。地理大发现后，中国就被世界潮流远远地抛到了时代潮流之后，与那个时代失之交臂。当然，如今的我们在改革开放之后创建了伟大的事业，跟上了时代的步伐，迈入了世界大国的行列。

对中国古代专制
社会顽强延续的思考

地理大发现之后，西方主要国家的商品经济进入了飞速发展时期，各国资产阶级力量日益壮大，资本主义生产方式在这些国家开始快速蔓延并最终推动其完成了由封建主义向资本主义的转型跨越。但转眼中国，自秦统一以来，以小农经济为基础的皇权政治模式在广袤的中华大地上延续了超过2 100年的时间，专制政治顽强地盘踞在我们这个老大帝国久久不愿离去，成为传统中国社会实现转型跨越的巨大障碍。通过深入辨析中西方社会在各自发展演进过程中的显著差异，努力探求中国传统社会模式长期延续的原因，进而理解把握传统社会实现转型所要具备的基本条件，并在此过程中开阔知识视野、提升自身学术研究能力，便是本节着重研究的内容。

第一，古代中国独特的政治经济结构对传统皇权社会模式的保护作用。

国学大师梁启超先生在清末民初时提出了四大文明古国的概念。梁先生学术视野里的文明古国指的是区别于海洋文明的黄土文明或大河文明，属于此文明范畴的中华文明深深地渗透在了国人的生产生活中。数千年来，在中华大地上繁衍生息、精耕细作的中国人逐渐形成了重土安迁的文化生活心态，因此，在古代农业定居文明基础上产生的思维模式，很自然地带有氏族血缘的特征。

这就在一定程度上导致了肇始于殷周时代的宗法观念，注重强调家长在家庭或家族中的绝对权威。"此外，中国传统农耕生产技术的推广主要依赖于父辈向子辈的世代传承，因此传承农业生产技术和生产经验的过程也是树立家长权威、培育服从长者文化的过程，君主、国家则是对家长和家庭二者的延长放大。"这一宗法精神与后来儒家学说的系统归纳与阐扬相结合，进一步渗入中国人的文化心态，成为两千多年来人们道德、行为规范的主要来源。在这样的文化传统当中，大多数中国人则逐渐习惯于将自己的理想寄托在所谓"圣明天子"的身上。这也在无形中延长了皇权社会的运作，使得国人在想要走出传统社会之际，面临巨大的心理障碍。

公元前221年，秦始皇统一六国后为巩固皇权，废封郡县制。所谓郡县制，就是地方行政官员由中央任命并对皇帝负责的统治模式。这在古代世界的政治治理模式中可谓是绝无仅有的先例。这种治理模式与先秦时期最大的不同是将先前地方分封诸侯的权力剥夺殆尽，皇权的影响力从上到下直达州县，郡县长官作为皇权代言人，全面主持所辖地区的行政司法大权。因此，晚清著名思想家严复后来在评论中国传统的政治模式时，曾不无感慨地说："尺权寸柄系归国家。"

后世王朝政权又在秦制基础上不断加以改进完善，中国传统社会的政治逐渐成长为一个高度集中统一的官僚政治、意识形态和占主导地位的地主经济构成的超稳定系统，"没有出现像同时代西方社会中王权与地方封建诸侯分庭抗礼的政治治理模式"。因此，历代专制王朝才有可能将政权的影响力延伸到社会的最底层，对那些有可能削弱皇权政体的民间力量加以遏制。当社会阶级矛盾严重恶化，原有的政治经济秩序面临重新调整，它便通过周期性的混乱（如社会底层革命、军阀混战、自然灾害引发的社会动荡等），重新让"社会回归到之前政权确立之初时一盘散沙百废待兴的状态"。

中国是一个小农经济占主导地位的国家。自公元前350年秦国商鞅"废井田，开阡陌"以来，以一家一户为生产单元的小农经济，逐渐成为传统社会经济结构的主干。小农经济的自然经济属性决定了这种经济模式的抗风险能力极其脆弱，使它的生存和发展对强大的中央集权产生了天然的依赖。千百年来，人们日出而作，日入而息，自给自足地过着简单的生活，生产和再生产的过程基本上是在单纯不变的基础上进行。中国历代农民战争摧毁了无数次原有的皇权统治秩序，并在政权确立初期无数次地推行休养生息的策略，但本质上其实都是在新的皇权政权框架下对小农经济的重建而已。同时，小农经济耕织合一的固有特性以及历代王朝重农抑商的政策，"使近代商品经济产生的可能性降低到最低限度，难以成长出像西方社会中市民阶层那样独立的社会力量"，这样资本主义生产关系自然难以催生，传统中国社会只能沿着原有的轨道蹒跚前行。

第二，古代中国独特的人文地理环境对传统皇权政治治理模式的依赖。

我国地貌特征呈现出四周封闭、内部广阔的特点。中国北方大漠的草原地带以及广袤的东北地区自古以来便是游牧渔猎民族的生存圈。由于他们独特的生产生活方式，所以时常被冠以"战斗民族"的称号。"中国古代北方匈奴政权在衰落时期，部落人口区区一百五十余万，却有'控弦之士三十万'，汉王朝政权鼎盛时期人口约六千万，兵勇六十万"；崛起于我国白山黑水之间的满族兄弟，以渔猎作为其生存方式，他们也有着"满人不过万，过万无敌于天下"的彪悍民风，由此可见，我国古代境内少数民族内部兵民合一，生产和战斗具有合二为一的天然属性。因此，相对于中原汉民族，边疆少数民族政权发动战争的成本相对低廉，中国古代原始畜牧业生产力低下，不能完全满足本民族基本的生产生活需求，

"有时候一场暴雪就可以导致一个少数民族政权的灭亡"，而中原内地物产丰盈无所不有，所以传统少数民族发起以获取生存资源为目的的战争意愿就尤为强烈。战争成本低廉与战争意愿强烈相结合，他们便时常"南下牧马"，去经济发达、军事实力羸弱的中原地区进行掠夺。面对游牧民族持续不断的挑战，分散孤立的小农经济只有大规模组织起来，才有可能减轻因马上民族铁蹄践踏造成的损失。而专制主义皇权正好是大规模组织分散农耕的平民抵御少数民族侵扰的最佳角色。此外，在古代中国极端落后的生产力水平条件下，"历代王朝还面临治理洪水泛滥和大规模兴修水利的任务，这些动辄需要征调数十万人甚至上百万人才能运转的宏大工程，客观上也需要一个强有力的动员型中央集权政府去组织协调"。

从地貌特征上看，中国地处北温带，万里长城线以南的广大区域，无论是"八百里秦川沃土"，还是"江南六十州膏腴之地"，都是适宜于农耕播种的天然粮仓，足以吸纳众多的人口进行农业生产。所以在漫长的农耕社会里，除非土地兼并剧烈或灾荒频繁，一般不会出现耕地不足、大量人口从农业生产中游离出来的现象。历代专制王朝之所以能成功地推行"重农抑商"政策，除了超经济强制因素以外，广袤优厚的农业生产空间不能不说是一个客观因素。此外，这片农业区域的东面和南面是惊涛拍岸、一望无际的汪洋大海。西北、西南两面，则依次横亘着茫茫的高原、沙漠以及昆仑、横断等一系列巍峨的山脉，这样的地理特征犹如一道环形的天然屏障，拱卫着这一辽阔的农耕地域，阻挡着印度和世界古文明荟萃的欧亚内陆与中国的交通，使得中国的农业定居文明得以在相对独立的环境中自由发展。这一则给大一统文化的产生与强化提供了充足的时间和空间，使中国自立于世界古文明之林；二则也无可避免地赋予传统社会以巨大的惰性，延缓了它发展、解体以至蜕变的过程。世界历史上的各大文明，有的已消亡于历史的长河中一去不返，只留下几处废墟供后人凭吊（如巴比伦文明）；有的则突然中断，默默沉睡了几个世纪（如古印度文明）；唯有中国的文化绵延不绝，如此顽强地影响着近代中国的命运，这与中西方不同的人文地理环境是不无关系的。与此相反，中世纪的西欧则基本上没有受到大规模的外部侵略和威胁。两相参照，中国传统皇权社会的长期延续也就不足为奇。

第三，西方主要国家完成资本主义转型的原因分析。

古代中国在秦以后，皇帝作为最大的地主也是最大的庄园主，直接占有大量土地的同时，借助对皇权负责的郡县行政官员来掌握和控制全国的中小地主。统治者还注意随时抑制土地兼并集中的趋势，权力抑制有助于封建割据势力的形成，维护中央控制地方的专制大一统政治模式，为专制皇权政权的运转保驾护航，在此基础上，以帝国的力量在政治、经济、思想领域进行渗透，通过传统经典学说倡导的宗法以及等级观念影响人民思想，维护思想领域的统治。学术界一般认为西欧封建社会形成的标志主要包括三个要素：土地庄园化、政治多元化和农民农奴化。与中国帝制统治模式不同，实行分封制的欧洲封建社会，庄园主是本区域内的最高行政长官，封建庄园主自己设立庄园司法机构，在所属领地庄园内可以对政治经济方面的相关事务进行独立裁判。它是封建领主统治农奴的司法机构，对农奴有生杀予夺的大权，此项权力不受国王的干涉。因此，"欧洲国王通过将土地封赐给封建庄园主，使国王事实上丧失掉了对土地的直接支配权，大大削弱了国王的权力，导致封建割据势力的形成"。而封建的庄园经济，将欧洲社会分割成若干个独立的政治经济共同体，这种共同体经过10个多世纪的成长壮大，形成了足以抗衡王权、抑制专制权力的政治经济实体。如果没有中世纪英国社会独特的封建庄园主政治势力为基础，就不可能出现13世纪英国贵族逼迫约翰王就范，签署城下之盟《大宪章》这一具有划时代意义的规范性法律文件。

与中国古代社会皇权至上的传统不同，中世纪欧洲社会的特点之一就是全民宗教信仰，王权与教权共同作用于民间社会，没有出现过像中国古代时期皇权独大的局面。当时的欧洲社会，无论是庙堂之上的王公贵族，还是市井深处的平民布衣，都是虔诚的基督徒，因此基督教的"原罪"观念在当时欧洲社会深入民心，贵族与平民都是背负罪孽的上帝子民，"众生在上帝面前原罪平等观念在一定程度上导致了启蒙思想家所倡导的资本主义性质的法律面前人人平等学说的诞生"。

西方社会中弥漫的这种宗教文化传统，深刻影响了欧洲社会在国家秩序与文化传统领域的演进。基于原罪观念，启蒙思想家把人性的"本恶"信仰作为其政治学说的理论基础。他们认为，社会中的普通人都具有趋利避害的本性，只专注于自身利益的最大化，从而具有"反社会"性质。因此，资产阶级启蒙思想家认为，政府是一部分"反社会个体的结合"，为了防止政府被邪恶的领导人和官员腐败与垄断，国家必须有一个权力下放和有效限制政府各部门权力的分权制度，同时，"公民对公权力组织的权力运行情况进行监督的制度"。所以，基督教的"原罪"观念可以在逻辑上促使新兴资产阶级平等观念的产生，给予近代资产阶级民主法治思潮和政治革命以思想启蒙。

总之，欧洲独特的政治文化传统奠定了西方资本主义文明的根基，推动了西方政治文化的多元化趋势，成为欧洲社会 17 世纪资本主义生产关系得以确立的重要前提。

著名历史学家黄仁宇先生在其学术著作中提到，西方资本主义精神可以说是凝集于两个思想上的重点，两者互为关联。"一为成功，一为赌博与冒险。""欧洲文明发源于地中海古希腊，可能是这一地区独特的地理环境使得古希腊文明从诞生之日起便具有了浓郁的商业气息，居民在生产生活中向利而行、倡导利益最大化；地中海作为欧亚非三洲环抱的陆间海，自形成以来便风平浪静水波不兴，是孕育扬帆出海冒险精神的天然沃土，因此，逐利文化与冒险精神的结合便成为西方文明的显著特色之一。"从某种意义上说，当古代中国的罗盘和隔舱化造船技术传入欧洲、《马可波罗游记》在西方世界风靡之后，达伽马、迪亚士、麦哲伦、阿美利加等冒险家之所以在15 世纪末期就能前赴后继率领自己的探险团队面对惊涛拍岸依然勇往直前到达印度发现美洲，是因为这是希腊商业文明发展到一定阶段之后的必然结果。

让人无可奈何的现实是，人类社会的推进，有时往往以残暴的掠夺和血腥的杀戮为代价。欧洲国家由封建主义向资本主义转型的过程中，亚非拉国家和地区不幸充当了被掠夺和屠杀的角色。地理大发现后，400年间"欧洲殖民者从美洲大陆共计掠夺了二百五十万公斤黄金，一亿公斤白银"；虽然这些贵重金属在美洲大陆沉睡了上万年的时光，但拉美国家在经济发展和社会进步方面却并没有因此而捷足先登，相反，这些财宝被掠夺到欧洲大陆后便为当时引领世界潮流的资本主义机器大生产提供了雄厚的资本，大大加速了人类社会的发展进程。

同时地理大发现也促进了科学的发展。新的物种相继被发现，促进了比较学、分类学等学科的诞生与发展；地理大发现掀起的资本掠夺狂潮推动了采矿工业的发展，随之引起动力传送和水泵技术的进步，为提升提炼技术开始关心机械原理和液压原理的起点。同样，冶金业又推动自然科学中的化学科学取得显著进步：日渐扩大的采矿作业使新矿石甚至新金属如铋、锌和钴被相继发现。要找到和提高分类处理这些新矿石和新金属的技术就必须通过痛苦的实验。但是这样做时，化学的一般原理开始形成，其中包括氧化和还原、蒸馏和混合的原理。

"所以，地理大发现推动了欧洲商业和工业的发展，商业和工业的发展又导致技术上的进步：技术进步又促进了科学的发展和受到科学的促进。"这一进步发生在十六七世纪，这方面的代表人物有哥白尼（1473—1543）、伽利略（1564—1642）和牛顿（1642—1727）。所有这些都向中世纪传统的神权专制思想和设想提出了挑战，新兴资产阶级势力在工商业的发展中不断壮大，新的市民阶层得以出现并不断成长，所有这些因素都极大地加速了欧洲社会的资本主义进程。

综上所述，从西罗马帝国灭亡到 19 世纪中叶，前后仅仅持续了 1 400 多年，西方主要国家就基本完成了从封建社会向资本主义社会的过渡转型，究其原因，是中世纪以来欧洲社会独特的政治文化传统、社会经济结构以及适宜的人文地理环境等诸多因素的共同作用，让其由量变达到质变；中国传统皇权政治模式则从秦始皇统一中国到 19 世纪末期，经过了 2 100 多年的漫长岁月，才逐渐走向破裂，开始向资本主义社会迈进。这一社会现象的发生，很大程度上是因为中国数千年来形成的不同于西方国家的独特社会政治经济结构以及人文地理环境等因素，构成了对自身政治运行模式的天然保护，使得古代中国能够按照自己的固有轨迹在相对独立的空间里长期延续。

因此，我们说我们处在并将长期处在社会主义初级阶段，实现国家富强需要数代人的不懈奋斗，在很大程度上是受传统历史及地缘因素的影响，使我们不得不付出数倍于其他民族的努力，才能实现既定的奋斗目标。

第十六节

大国崛起对青年学子的启示

20 多年前，历史政论片《大国崛起》于中央电视台黄金时段隆重播出，在社会各阶层中引起热烈反响。这部论证题材的大片以西方主要的几个资本主义大国实现富强的轨迹为核心思想，详细记述了它们走向富强的漫长历程。但不足之处也非常明显，这部片子的制作者虽然对法治角色在实现大国之路上的作用进行了详细的阐述，但是，法治化背后需要哪些条件支撑？法治是否只是意味着有纸面上的规则条文？等问题依然没有涉及。为什么 100 多年以来，很多国家和地区制定了一系列的法律规范，也明确规定了本国国民享有的广泛权利，而现实情况依然不尽如人意。反而是没有制定系统性法律条文的国家将法治的精髓落到实处，并真正蜕变为了现代强国。这背后的缘由值得我们青年一代认真反思。

哥伦布发现美洲大陆之后，这块风水宝地迅速成为西方殖民者的财富乐园。其中，英属北美殖民地形成时采用的是英国本土的统治模式：设立总督和议会。这在当时是世界上最先进的统治模式，在 13 块殖民地当中有 8 块英王直辖的殖民地，2 块业主殖民地，3 块自治殖民地。英王直辖的殖民地，由于属于英王所有，所以英王可以委任总督，但总督要对殖民地本地的议会负责；业主殖民地是由英国的大贵族建立的殖民地；而自治殖民地则是由从英国跑到北美的居民自发建立的殖民地，总督通过选举产生，英王批准后确立。

当时在北美，插英国国旗的船舶，有一半为北美殖民地所制造。北美殖民地的北部工商业发达，中部盛产小麦，南部种植棉花和烟草等经济作物，国土到处可耕。在北美殖民地人的心中，虽然都来自不同的国家，但共同在北美这块土地上生活了几十年，美国变成了他们的祖国，他们想要做祖国主人的意愿强烈起来。但统治者是欧洲人，因此，统治者的合法性便受到了当地人民的强烈质疑。

华盛顿，美国的开国总统。出生于弗吉尼亚州的一个大种植园奴隶主家庭，他家的占地面积 2 500 多平方公里，拥有的土地为 4 000 多英亩（1 英亩相当于 6 亩），392 名黑奴，可见，华盛顿的生活条件相当不错，且幸福美满，但他爱打仗。英法北美战争 7 年，华盛顿加入英军，功至上校，战争结束后英国人过河拆桥，瞧不起他这种殖民地长大的军官，把他由上校降为少校。他一怒之下回到自己的庄园，养鸡、喂兔子、种葡萄。有一天，他的国家和民族召唤他，因为只有他有在正规军服役的经历，华盛顿将军毅然告别了自己舒适的生活，挥剑担任大陆军总司令，领着一帮昨天还是农民、银匠的人奔赴战场，临走时他释放了自己的全部黑奴，但这些黑奴自愿留下来为他打理庄园，因为离开了就无法谋生。之后，美国宣布独立，结束了与英王的隶属关系，美利坚合众国诞生了。这一天是 1776 年 7 月 4 日，正是我国清王朝的乾隆四十一年，著名的同仁堂药行创立于雍正元年（1723），也就是说，这个新生的国家比我国的一家药铺还要晚成立 53 年。

美国人虽然宣布了独立，但独立之路极其漫长。当时的美国有 300 万人口，其中还包括 80 万黑奴，而英国本土的人口就将近 1 000 万，加上殖民地人口共 4 000 万；英国派到北美的军队达到 9 万，大陆军却不超过 3 万；英国军队装备精良，训练有素，大陆军却缺衣少弹；英国殖民者拥有世界上最强大的海军，光战列舰就 100 多艘，美国只有 3 艘武装缉私艇。冬天，大陆军行军经过城市的石板街道时，留下的是一行行血淋淋的脚印，冻得僵硬的马肉和粗糙的饼干是他们仅有的食物，士兵要在身上裹上马毯来抵御风寒，三四名士兵合用一支枪，而且没有受过很好的军事训练，这帮大陆军完全是凭着一种对独立和自由的渴望投入这场民族解放战争的伟大浪潮中来的。

经过 8 年艰苦卓绝的抗暴斗争，美利坚民族终于赢得了独立。独立战争结束之后，华盛顿要向议会交出军权，美国各阶层专门为华盛顿设计了一场隆重的交权仪式：他走进国会大厅，向每一位议员行军礼，议员坐在自己的座位上不需要起立，只需用手轻触帽檐表示还礼即可，以彰显文官政府对军人的绝对领导。然后议长发表讲话：你的英名不会因你军职的退去而消退，我们后世子孙将永远铭记你！仪式完成后，华盛顿就由大陆军司令变为一介平民。接着，跟随华盛顿的一支功勋卓著的大陆军也需要遣散，但由于新生的美利坚合众国财政拮据，所以，这帮退伍军人无法享受应有的抚恤金。

独立战争后美国究竟是应该建立一个联邦还是邦联，众人为此争论不休。联邦强调"联"，邦联强调"邦"，也就是说，联邦是各州联合在一起组成一个国家，只有一部宪法、一支军队、一种货币、一个首都；邦联意味着 13 块殖民地联合起来，也就相当于 13 个国家组成一个联盟。"邦联"的支持者认为，独立战争前，美国是13 块独立的殖民地共同效忠于英王，却被英王压迫，如果有了中央政府，那就意味着有了新的压迫，所以要建立邦联。而"联邦"的支持者认为，成为一个国家才会具有更强的凝聚力。双方争论不下，就导致了各州内部动荡。独立战争时的军费来自原先各州向周边各国的筹借，美国南部各州比较富裕，所以很快就将战争借款清偿完毕，并且这些州的民兵领到了政府发放的抚恤金。这样一来，北部各州人心存不满。他们认为打仗是为国家赢得独立而战，是为 13 个州共同的自由解放而战，不能厚此薄彼。于是，前大陆军上尉谢斯就带头起义，4 000 名大陆军退伍士兵因抚恤金问题而哗变。华盛顿的老部下刘义斯上校就给华盛顿写信，建议华盛顿领导美国建立美利坚帝国，由华盛顿任美国国王乔治一世。结果华盛顿给他回信："你如果对你效忠的国家和我本人还有一点点尊重，以后就不要再说这种粗野无知的昏话。"这封信至今仍保留在华盛顿纪念馆。当时，国家混乱至极，华盛顿将军焦急万分，邦联的构想与现实差去甚远，联邦制才是最好的选择，于是，华盛顿凭借自己巨大的威望振臂一呼，召集各路贤杰到费城开会，准备制定一部《宪法》。在费城，经过 5 个月的唇枪舌剑，《美利坚合众国宪法》终于诞生，华盛顿当选为美国的第一任总统。美国最终通过了 1787 年《宪法》，首先确立了美国是一个联邦制共和国，这是人类历史上第一个现代共和国，联邦和地方分权，中央有中央的权力，地方有地方的权力。

在之后的岁月中，美国抓住时机大肆壮大自己的国家实力，相继用 1 500 多万美元从法国人手里购买了路易斯安那州，折合一平方公里 6.5 美元；用 700 多万美元从沙俄手里购买了阿拉斯加，折合一平方公里 4.5 美元；用 250 多万美元从墨西哥人手里购买了一部分土地；用 500 多万美元购买了佛罗里达。美国花了共计不到 3 000 万美元让它的领土面积扩大了 10 倍。美国的内战期间，林肯政府于 1862 年颁布了《宅基地法》和《解放黑奴宣言》，这两部法律促成了美国历史上波澜壮阔的西进运动史！美国老百姓只需向美国政府象征性地交付 10 美元（可以分 5 年交清），并连续耕种若干年后就可获得 64 万平方米的土地，大约相当于北京故宫的面积。有了这样的政策之后，美国东部失业下岗工人就举家到西部当地主去了，但当时西部自然环境极其恶劣，一米多高的带刺儿植物到处都是，响尾蛇四处乱窜，野狼时而发出令人毛骨悚然的嚎叫……其耕种的艰难程度可想而知。所以，美国在建国 240 多年的历史当中，靠自己的双手创造了一切。美国是那个时代的老百姓为了获取财富、改变自身命运而勇于战天斗地的历史见证！

从某种意义上讲，一个国家走向强大的过程，就是民间力量得到释放的过程，而法治的作用便是将民众的合理诉求通过法律规则的形式确定下来，即法治就是严格限制手握公权力组织的权力和积极保障公民的权利。

我们可以得出这样的结论：一国崛起成为大国，是民众权利得到保障之后的一个自然而然的结果。

第十七节

纳粹集团的历史反动

第一，纳粹势力的壮大和发展过程。

纳粹德国正式存在的时间是 1933 年 1 月到 1945 年 4 月，按希特勒自己的话讲，他想建立一个千年帝国，但他创立的纳粹德国实际只存在了 12 年多就宣告灭亡。首先解释一下"纳粹"的含义，"纳粹"是国家社会主义德国工人党的德文缩写"NAZI"，音译而成"纳粹"，也有的地方把它翻译成"民族社会主义德国工人党"。提到这个政党，大家都以为创立者是希特勒。但其实并不是。首先，希特勒并不是德国人，而是奥地利人。希特勒出生在奥地利一个海关小官员家庭，从小，他的父母就对他管教极其严格，由于他父亲是老来得子，所以父亲希望希特勒子承父业做一个公务员，安全又稳定。但希特勒对此却毫无兴趣，他的梦想是成为一个大艺术家，因此他不顾父亲的反对就投考了维也纳皇家美术学院，但多次落榜。从流传到今天的希特勒的早年画作可以看出，他的作品最大的问题是只有静物，只会画城堡、宫殿、教堂，不会画人物，这在当时西方社会以人体画为主流的绘画大背景中可以说是最大的忌讳。数次落榜的希特勒只能在维也纳的街头流浪乞讨，逐渐对所处的社会积累了刻骨的仇恨。

直到一战爆发，希特勒感觉自己出人头地的机会降临了。他报名参加了奥地利军队，准备奔赴战场建功立业，但让他倍感绝望的是自己入伍体检不合格，被奥地利驳回参军请求。希特勒转而投靠德国，申请加入巴伐利亚王国军队，被批准入伍。希特勒成了巴伐利亚王国步兵团的一名士兵。战场上，希特勒接近疯狂的勇敢，使他很快就由二等兵升为下士。战争中，由于他被英法联军的毒气熏伤了双眼而失明半年，所以他获得了战伤勋章和一般只有将领才能获得的铁十字勋章。这两枚勋章让他引以为傲，因此，在后来有关希特勒的影像中我们能看到，他以德国元首出现在公众场合时永远是以一套纳粹军服示众，并且胸前永远别着这两枚奖章。

希特勒在医院里躺了半年，当他痊愈出院时，得到了一战结束德国战败的消息，这让希特勒亢奋起来。在他看来，如果战争能够一直持续下去，那自己就有机会成为军官或者当上将军，甚至迈入贵族的行列。但当时他只是个下士，《凡尔赛和约》的对德条款又极其苛刻，条约规定德国只能保留 10 万陆军。他这个连德国国籍都没有的人自然不在其中，于是希特勒又回到了战争前一无所有、在大街上流浪的状态。本来以为可以载誉而归的希特勒回到了一战后百业凋敝的德国。他要生存，所以希特勒就做起了德国陆军的密探。他的任务之一就是刺探战后德国各政党的行踪，尤其是工人阶级政党的行踪。因为当时的德国面临着爆发无产阶级革命的危险，所以德国统治阶级对此非常恐惧。

德国人喜欢在啤酒馆里从事各种政治活动。1919年的一个晚上，希特勒到德国的一个啤酒馆里刺探一个成立不久不满百人的小政党——德国工人党的政治活动。希特勒坐在众人当中窃听党徒的演说，他感觉演讲者的演说内容乏善可陈，听众昏昏欲睡。希特勒实在按捺不住，就冲到台前自己演讲。他说德国之所以战败不是因为德意志民族不行，而是因为犹太佬、国际资本主义势力、共产党等在他们背后作祟，德国今天之所以还在水深火热之中是因为他们一直在捣乱。结果他演讲完后，台下掌声雷动，希特勒满足不已，他找到了一战时忘乎所以的状态。希特勒显然已经忘了自己的密探身份，在他演讲完毕准备离场时，被小党的党魁拉住并递了一张党证。自此，希特勒加入了德国工人党，希特勒入党仅仅几年，就把这个不足百人的政党发展到了15万人的规模，加上外围人员，规模高达百万之众。希特勒将这个政党的名称改为民族社会主义德国工人党。给这个政党设计了鲜艳的旗帜：红色白圆圈带钩十字，古雅利安人的标志。设计了统一的制服：褐色衬衫、深褐色领带、黑色的马裤、黑色长靴、法式平顶帽，行古罗马军团的礼节。可以说，在一战后的德国，希特勒的以上种种政治举措对德国老百姓极具吸引力。因为德国人本身就崇拜权威，而统一的制服、统一的标志，再加上频繁的集会，以及加入这个组织中的光荣感和明确的晋升制度，给了一战后百业凋敝、穷困无路的德国民众以归属感。

到了1922年，由于德国无力支付协约国的赔款，法国和比利时同时出兵占领了德国最重要的矿业中心鲁尔，制造了鲁尔危机，德国经济崩溃，4.2万亿德国马克折合1美元。1923年，希特勒感觉稍纵即逝的政变机会到来，于是在德国慕尼黑的一家啤酒馆发动政变，妄图推翻魏玛共和国的统治，但政变很快被平息。希特勒被判入狱4年，实际上入狱一年多就被假释出狱。在狱中由希特勒口述，他的秘书，也就是后来的纳粹党副元首鲁道夫·赫斯执笔写了一本书，就是后来销量在欧洲成为仅次于《圣经》的《我的奋斗》。希特勒出狱后发现形势对纳粹党不利，因为德国在鲁尔危机后，以美国为首的西方国家给德国输血，半年后法国和比利时从德国撤军，国家经济开始复苏，德国民众生活得到改善。在社会生活得到改善的前提下再宣扬仇恨和战争就不再有信众和市场，希特勒被迫选择蛰伏。

但是，1929 年，席卷全球的世界经济危机又给了希特勒机会，因为受世界经济危机打击最严重的国家就是德国。1933 年，德国的社会状况再一次呈现出百业凋敝、哀鸿遍野的悲惨景象。希特勒又开始大力鼓吹扩军备战向外扩张，用德意志民族的剑为德意志民族的犁争取更多的耕地。在这样的大背景下，德国百姓纷纷加入纳粹党。在国会选举当中，德国工人极为拥护希特勒。希特勒虎视眈眈，要问鼎总统宝座。为此，他收买了德国的垄断大资本家集团，还许诺上台后给资本家利润、给工人工作、给农民土地，所以德国社会各阶层对当时的总统兴登堡施压，在此情形下，兴登堡被迫任命希特勒为德国总理。

1933 年 1 月 30 号的晚上，2.5 万名纳粹党徒在总统府的窗户下举行了盛大的火炬游行，热烈庆祝希特勒当选政府总理。1934 年老元帅病逝，希特勒就集总统、总理大权于一身，称德国元首。纳粹党一跃成为国会第一大党，在纳粹党的操纵下，德国国会通过了《消除国家和人民痛苦法》。这个法案的内容就一条：把德国的一切权力交给纳粹党。从此之后，德国确立了"党在国上、人在党上"的政治体制。

当时世界各国认为要想摆脱经济危机的危害，自由放任的经济政策已不适用，所以各国都走上了国家干预的政策道路。德国的干预政策简单而独特：实行扩军备战。扩军备战就需要加大对基础设施建设的投入，比如高速公路，德国今天绝大多数的高速公路是希特勒在任时所建；此外，兵营和飞机场也需要大规模增建，军火的需求也很旺盛，这样就很好地解决了德国的就业问题，大量的失业工人找到了工作；扩军也让近两百万青壮年迈入军营，不再为生计犯愁。希特勒的上述政治举措在当时的确极好地促进了德国就业率的提升和经济的增长，德国的经济危机看似消除。但是，德意志民族就从此走上了一条不归之路，德国人的思想完全被希特勒控制。凡是满 12 岁的男孩子，都要受到严格的军事训练，要学会野外生存、学会使用指南针、学会团队合作和射击，等到了十八九岁加入德国国防军的时候，就已经是一个合格的战士了；女孩子则被教导要为德意志民族生育强壮的战士，整个德意志民族就像变成了一个斯巴达式的国家。而凡是与纳粹主张不一样的学者，都会被迫害，书籍被销毁。从某种意义上说，纳粹党犯下的罪行也是整个德意志民族的共业。

1942 年，纳粹德国宣传部部长戈培尔在柏林的体育场发表了一次演讲，当时几万观众在场聆听。戈培尔问在座的观众："我问你们一遍，你们需要全面战争吗？"
几万观众跺脚欢呼说："需要！需要！需要！"戈培尔说：
"我再问一遍，需要全面战争吗？"场下观众继续欢呼：
"需要！需要！需要！"可见，观众的思想已经被希特
勒格式化了，他们发自内心地拥护这个纳粹元首的扩张
政策。

第二，纳粹暴行和平民百姓的随众作恶。

纳粹对犹太人的迫害和屠杀是一个逐渐升级的过程。
迫害犹太人的第一步是阻止犹太人拥有工作。纳粹党刚
刚上台，就通过了种族法令《纽伦堡法》，以此禁止犹
太人担任任何公职。国家的所有公职领域，不允许有犹
太人的身影。但特别具有讽刺意味的是，一战时希特勒
所在部队的排长就是犹太人。后来排长找到希特勒求助，
希特勒为其写了一份证明，说他是雅利安人。而且希特
勒的将军，很多也有犹太血统。

迫害犹太人的第二步是切断犹太人的生活来源。在
欧洲，特别是德国，许多犹太人是腰缠万贯的商人和资
本家，于是纳粹政府先是要求德国老百姓不要去犹太人
的商店购物。在犹太人的商店外面，经常有纳粹党徒高
喊纳粹口号，以此来吓阻前来购物的德国民众。在犹太
人的商业经营陷于窘迫甚至濒临破产的情况下，其他的

德国人就对犹太老板趁机压价，用超低的价格将犹太人的商店和厂房据为己有，侵吞犹太人的财富。当然，也有一部分德国民众对政府的禁令无动于衷。在这种情况下，纳粹党对犹太人的迫害全面升级。

有一个著名的历史事件叫"水晶之夜"，就是一夜之间柏林街头所有犹太人的商店全部被砸毁。碎玻璃在地上闪闪发光像水晶一样，所以叫"水晶之夜"。纳粹政府命令，所有犹太人商店全部关门，所有的犹太人必须迁走，集中起来居住，只允许携带一个手提包，且不能超过5公斤，其他财物全部没收。这个时候的纳粹党只是没收犹太人的财产，将他们轰出家园。如果犹太人是大资本家，可以签署一份契约表示愿意把自己的工厂捐给国家，每人再交30万法郎，就可以换取一个移民瑞士的资格。二战时期，很多犹太裔资本家存于瑞士的财富属于秘密资产，在他们被纳粹迫害致死后，这些财产也被瑞士政府侵吞。希特勒二战时不攻打瑞士，一个重要原因就是需要通过瑞士洗钱，可以说瑞士在二战时期扮演了很不光彩的角色。

随着对犹太人的迫害升级——用希特勒的话讲犹太人就是"像昆虫一样繁殖的劣等人类"，纳粹政府开始考虑对犹太民族采取极为残酷的种族灭绝政策，即建立集中营。德国集中营是为了关押持不同政见者而建立的，后来才开始关押犹太人。由于犹太人群体庞大，所以集中营的规模也得随之扩大，到后来，集中营就建到了德国以外的欧洲其他国家。其中最有名的，是建立在波兰的奥斯维斯集中营。最初，杀害集中营内的犹太人的手法只是枪决，但后来纳粹集团发现这种方法极其缓慢，就召开"万湖会议"定调，叫"最终解决方案"，这个方案由纳粹党卫队的上校艾希曼负责执行。终于，装载着数以万计犹太人的死亡列车开到了集中营的毒气室门口，毒气室的大门上写着一行字：劳动使人快乐。犹太人一下火车，老人、妇女、儿童和残疾人被直接送进毒气室，有一技之长的成年人则可以留下。纳粹党把毒气室伪装成浴室，谎称要给犹太人洗澡、消毒，并要求他们将脱下的衣裤、鞋袜分类存放。当脱得一丝不挂的犹太人进入毒气室后，头顶开始喷洒毒气"齐克隆B"，人们反应过来后纷纷往大门处拥堵，但仅仅20分钟，屋内人全部窒息身亡。之后大门被打开，纳粹党将尸体嘴里的金牙拔出来打造成戒指，皮肤上的刺青剥下来做灯罩或手套，头发剪下来织成地毯。更加残忍的是，犹太人身上的脂肪被融化制成肥皂，骨灰撒到农田做肥料……据统计，苏联红军占领奥斯维斯集中营后，发现来不及被运走的犹太人的头发有 7 吨重，来不及运走的鞋有 200 多万双。犹太人脱下来的衣裤与鞋袜，被分发给德国人民使用，不知道获得这些东西的德国居民是否知道这些物品来自何处？反正是都欣然地接受了。

二战期间，数以百万计的犹太人被屠杀，这不仅是德国，而且是当时整个欧洲社会欠下的一笔良心债。因为是被纳粹党占领的法国、荷兰、比利时，亲手将选出来的犹太人送给纳粹党徒的。同样，其他欧洲国家的犹太人的悲惨结局也是如此，如果这些国家对本国的犹太人做不到保护，可以选择放他们逃跑，逃到西班牙或瑞士也不至于面临如此悲惨的境遇。这些国家不会这么做和欧洲浓厚的反犹传统脱不了干系。二战结束后，这些国家为自己助纣为虐的行为进行辩护，其理由是被纳粹党逼迫，问题的关键是你有"枪口抬高一厘米"的自由，可你毅然选择了"瞄准射击"，完全可以说，这些欧洲国家在纳粹党实施反人类罪的犯罪过程中扮演了帮凶的角色。

令人备感疑惑的是，为什么当时的犹太人没有奋起反抗纳粹暴行？一个重要原因可能是，这个民族被压迫了 2000 多年，他们已经习惯了自己的悲苦宿命，也许觉得命该如此。但是二战的屠杀让犹太人的忍让达到了极限，彻底改变了他们的观念，以色列国建立后，犹太民族脱胎换骨绝不逆来顺受。发生这种翻天覆地变化的原因，是以色列人民认识到他们如果继续逆来顺受，就有亡国灭种的危险。

网上有读者把今天的以色列戏称为"亚洲版的瑞士"，因为以色列和瑞士两个蕞尔小国有着相似的发展轨迹，都是从贫瘠走向富庶。犹太民族在流散的 2000 多年中被歧视、被屠杀、被虐待，经历过如此深重的苦难后，还能顽强地生存下来，这样的民族深知团结的重要，所以今天的犹太民族绝不抛弃任何一位同胞。

很多人不知道的是，犹太民族还是一个有恩必报的民族。二战期间，主动拯救犹太人的进步人士有很多，中国的何凤山是当时中华民国驻维也纳的领事，他给犹太人签发了 5000 多张签证，为犹太人到上海避难提供便利。后来犹太人特别感恩中国对他们的救助，中华人民共和国与以色列建交的时间是 1992 年，但是以色列在1950 年就正式承认了中华人民共和国政府，甚至在两国建交之前，以色列在很多方面就给了我国以巨大的帮助，比如农业方面的滴灌技术就是得益于以色列的技术支持；军事工业领域的雷达技术方面，对中国的扶持也是前所未有。以色列的国土面积只有 2 万多平方公里，山区和沙漠占国土面积的三分之二，但却能生产出口到世界各地的水果、鲜花、蔬菜。

希特勒当政时，德国人并没有对纳粹当局的反犹国策提出过质疑和抵制，反而是积极地配合了纳粹党徒对犹太族裔的残酷迫害。因此"多数人的暴政"给予我们最大的启示可能是对于汹涌澎湃的"非理性民意"必须保持必要的警惕，加强对青年一代独立思考能力的培养任重而道远。而地处中东的一个弹丸小国能够在极其艰险的生存环境中越挫越勇，并最终成长为令国际社会瞩目的发达国家，以色列的富国强兵之路，在很多方面是值得我们学习的，我们经常讲"多难兴邦"，以色列的发展历程便是对这句话的最好诠释。

第十八节

隋炀帝对中国历史进程的影响

2013 年 4 月，扬州市一处房地产项目施工的时候，意外发现了一座占地二三十平方米的古墓。经过专家鉴定，这座古墓地竟然是大名鼎鼎的隋炀帝之墓。

中国历史上，隋炀帝杨广可谓是个雄心勃勃的皇帝，那生前好大喜功的他为什么身后的墓地却如此简陋？隋炀帝给后世留下的最大印象是横征暴敛、荒淫无度、暴虐无比。今天看来，这些评价固然没错，但同样不能忽略的是，隋炀帝的"文治武功"深刻影响了中国历史的发展走向。从科举取士制度的推行到对东都洛阳的营建，再到京杭大运河的开凿，这些壮举不仅在中国历史的发展进程中留下了浓墨重彩的一笔，而且在人类文明的演进中算是光辉的篇章。循着历史的足迹，不断地去伪存真、由表及里，才能勾勒出一个相对鲜活丰满的古代帝王之相。

隋炀帝是李唐王朝给这位前朝君主上的"谥号"。古代《谥法》对"炀"的解释："去礼远众曰炀，绝世虐民曰炀，好大殆政曰炀，无情无义曰炀，离德荒国曰炀。"杨广在位时的暴虐无度让他死后被冠以这样的谥号，应该说是"当之无愧"，但这位千古暴君又可谓是能文能武的一代风流人物。

我们知道，张若虚写的《春江花月夜》，成为千古名篇，其实早在张若虚之前，隋炀帝就曾挥毫泼墨填写了他自己的《春江花月夜》，氛围方面一点不输张若虚："暮江平不动，春花满正开。流波将月去，潮水带星来。"短短四句诗就将南国夜景的迷人灵动推入了读者眼中。杨广在他20岁的时候就坐上了灭陈最高统帅的位置，完成了中国历史上的第二次大统一。他率军平定江南后，秋毫无犯、府库不取，江南百姓都以杨广为贤德，可以看出，杨广实打实是文武全才式的君主。

虽然史书上记载说隋炀帝为了谋取帝位害死了自己的老爹，在老爹死后不久，就看中了老爹的两个爱妾并将其纳为自己的妃子，可谓典型的弑父篡位、弑兄淫母。但后世君主李世民也是采用了相似的手段确立了自己的统治地位，前者被看作千古暴君，后者为何会被称作一代明君呢？我们说，历史是胜利者书写的，胜利者书写的历史未必都客观真实。往往是后一个朝代建立后，为了证明自己奉天承运、吊民伐罪，会对前朝历史进行抹黑，尤其是前朝统治者。从这个意义上讲，有关隋炀帝的"众说种种"未必都是客观事实，不排除人为构陷的可能。我们要在现有的史料中辨别真伪、去伪存真，还原历史人物的本来面目，这也是学术教研工作者必须解决的问题。

首先说隋炀帝营建东都和开凿运河的这两大工程，

无疑对加强中国南北两地的经济文化往来，以及促进我国多民族的融合具有巨大推进作用。了解中国历史的读者都知道，隋炀帝杨广的父亲隋文帝杨坚是中国历史上少有的明君，"开皇之治"的辉煌在当时百姓中口口相传。杨广登基之后，将年号定为"大业"，可以看出，在父皇光环的照耀下，他对于开创更伟大的帝业信心满满。

隋炀帝在位时期推动的第一项政治工程是营建东都洛阳。长安是隋文帝杨坚坐镇24年的国都。秦汉以来，陕西地区农业的水利命脉郑国渠和白渠等水利设施，因年长日久、自然老化等原因，导致灌溉面积大幅度减少，粮食产量随之下降，陕西地区的人口数量却不断增加。这一地区的粮食供应主要靠由东向西的漕运。在此之前，由于"衣冠南渡"的因素，江南地区经济发展水平也有了很大的提高。隋炀帝即位后为了夯实统治基础，就想把首都迁到一个可以作为统治核心的战略要地。从地理位置上看，能起到西控西域、东抚齐鲁、北定辽东、南接淮扬作用的城市，洛阳是首选。605年3月，隋炀帝命杨素、杨达、宇文恺共同负责营建东都的相关事宜，每月"役丁二百万人"[①]。次年正月，东都洛阳新城正式竣工，

---

① 　王寿南．隋唐史[M]．台北：三民书局，1986：33．

正醉身于"文章锦绣地，温柔富贵乡"的隋炀帝当即北上，于4月便到达洛阳。"此时的中原腹地城市洛阳，俨然成为隋帝国政治、经济、文化和交通的中心，人丁繁盛富商云集。"[①] 所以，东都洛阳的营建主观上是为了巩固隋王朝的统治基础，但在客观上也促进了中国多民族间的经济文化交流和民族融合。

除了营建东都外，一条纵贯南北的大运河同样成就了一代帝王隋炀帝的千秋功业。承载着中华民族精神的大运河始建于春秋吴国，当时吴国为伐齐国而开凿邗沟，之后隋朝扩修的大运河由永济渠、通济渠、邗沟和江南河四段人工河道构成。"从北京到杭州约两千公里的人工运河竟然在六年之内开凿完成，这在没有现代机械技术的中国古代，可谓是一个了不起的奇迹了。"[②] 有人说隋炀帝开凿运河是为了方便自己去扬州看琼花，有人说他是为了凿穿王气，也有人说他是为了去扬州荒淫玩乐，还有人说是为了到江南选美女。最后一种观点之所以能够流传，是因为隋炀帝的皇后萧皇后是南朝南梁明帝的女儿，齐梁宗室的公主，是南方人。在当时基本上都是北

---

① 崔瑞德. 剑桥中国隋唐史 [M]. 北京：中国社会科学出版社，1990：125.
② 王寿南. 隋唐史 [M]. 台北：三民书局，1986：133.

方人的皇帝中，隋炀帝是第一个迎娶南方人做皇后的帝王。萧公主出生的时候梁朝早已灭亡，萧公主 5 岁时，杨坚篡位成功，5 年后，杨坚的儿子杨广率兵南下灭陈，完成了中国历史上的第二次大统一。朝廷为犒赏这个大有出息的皇子，就准备为他赐婚，天下世家大族争先恐后献出自己的爱女，但杨广听说萧公主"母仪天下，艳若桃花，将来会贵不可言"。当时杨广 20 多岁，就已暗下决心非她不娶。嫁给杨广那年，萧公主 13 岁，杨广 25 岁，刚结婚的时候，夫妻恩爱、琴瑟和谐，萧皇后又常常思念江南故国，所以隋炀帝开通大运河后，常带萧皇后回江南。常往江南跑，被以为是去选美女呢。

面对这些众说纷纭的看法，笔者坚持认为，隋炀帝之所以穷尽民力开挖大运河，根本原因还是为了打通大隋王朝的南北交通，实现"古今称国计之富者莫如隋"[①]的梦想和让隋炀帝魂牵梦绕的"大业"蓝图。我们只知道扬州自古以来就是东南重镇、富庶之地，盛产才子佳人、富商巨贾，但我们不知道的是，扬州的繁盛很大程度上是得益于京杭大运河的滋养。从结果来看，建成后的隋唐大运河北起涿郡，中经洛阳，南到余杭，成为南

---

① 马瑞临. 文献通考 [M]. 北京：中华书局，2011：166.

北交通的大动脉。从西晋永嘉之乱北方士人就开始南迁，大运河的开通加重了这样的趋势，让中国的经济重心逐渐南移，南方经济发展水平开始超过北方。

在隋朝初年，经过长时间的开发和战乱，陕西平原地区的社会经济大幅度倒退。而我国的地势是西高东低，长江、黄河、淮河等大型水系都是自西向东汇入大海，这造成了沿海地区与高原地区经济发展的不平衡。当时陆上交通设施也落后，满足不了南北经济贸易的需要，因此，修建一条贯穿南北的运河很是急迫。大运河开凿完成后，促成了北方社会和长江下游三角洲等江南富庶地区之间的经济文化互补互助，运河的修筑，体现了杨广对国家宏观把控的战略构思和重新考量。大运河的开凿也使洛阳真正成为隋王朝政治文化的中心。

"这条人工开凿的大河纵贯在中国最富饶的东南沿海和华北大平原上，经过浙江、江苏、安徽、河南、山东、河北、北京七个省市，贯通黄河、淮河、长江、钱塘江、海河五大水系，是中国古代南北交通的大动脉"①，也是世界上开凿最早、规模最大的运河。建成后的大运河的总长度是苏伊士运河的 9 倍，是巴拿马运河的 21 倍，所

---

① 崔瑞德. 剑桥中国隋唐史 [M]. 北京：中国社会科学出版社，1990：213.

以从这个意义上说，隋朝时期劳动人民开凿的大运河不仅在中华文明的发展进程中留下了光辉的一页，在人类文明的演进过程中也是不朽的篇章。一直到20世纪初津浦铁路通车以前，大运河都是最主要的南北交通运输线。由于大运河的开通，运河城市如雨后春笋般相继出现。

南方是鱼米之乡，桑蚕丝织等手工业的繁荣，带动了本地区商品经济的快速发展，扬州、杭州、苏州等城市在大运河的滋养下迅速繁盛起来。"天下三分明月夜，二分无赖是扬州。"[①] 大运河的开通成就了周边城市的繁荣。有资料表明，在隋唐时期运河城市扬州的经济地位相当于今日之上海，甚至到了明清时期全国盐政税收的七成以上来自扬州。近年来，关于隋王朝的考古发掘成果巨大，一个隋朝的粮仓叫含嘉仓，考古学家在含嘉仓进行了挖掘，据不完全统计，含嘉仓有259个粮窖，其中一个粮窖里面就发现了碳化的粮食50万斤，被发现的其他粮仓还有洛口仓、京洛仓等。建造了如此众多的粮仓，足见当时隋王朝打通南北经济交通后政府之富庶。所以《文献通考》上有一句话叫"古今称国计之富者莫如隋"。

---

① 孙洙. 唐诗三百首 [M]. 北京：人民文学出版社，1959：121.

京杭大运河的开通不但为隋王朝打通了南北双方在经济文化交流上的便利，还成为唐、宋、元、明、清等后世王朝之命脉和民生之基石。到了李唐王朝，大运河的作用更加突出，极大推动了唐朝商品经济的发展，给江南六十州膏腴之地注入了强劲的活力。到了赵宋政权，漕运可谓是宋王朝立国之基础，开封、汴梁的称谓就是源于其水路运输的繁荣发达。为了防卫异族的军事威胁，宋王朝的历代皇帝在开封周围常年驻有重兵、备有粮饷，那些军事物资大部分通过水运到达都城。这样看来，大运河在北宋时期可谓是一条关系到赵宋政权生死存亡的军事交通运输要道。

前文所述，隋唐大运河是由四段水渠构成。其中，永济渠连通海河与黄河，通济渠接通黄河与淮河，邗沟打通淮河与长江，江南河贯通长江与钱塘江。蒙元政权入主中原后，先后开凿了通惠河、会通河和济州河三段河道。把原来以洛阳为中心的隋朝横向运河，修筑成以元大都北京为中心，南下直达杭州的纵向大运河。有了这条大动脉，"半天下之财富，并山泽之百货，悉由此路而进"①，北方的棉花来到江南水乡，南国的漕粮以及丝织

---

① 王寿南.隋唐史[M].台北：三民书局，1986：57.

刺绣顺河北上。当时运河上是"漕船往来，千里不绝"[①]。这也实现了中华文化的南北互补，促进了各民族间文化生活的相互融合。大运河对传统中国经济文化的发展起到了很好的促进作用，它本身更是成为600年来沟通南北双方经济政治文化的纽带。

说完京杭大运河，我们来说隋炀帝的另一个功绩——大力推行开科取士制度。隋唐以前，中国的选官制度主要为九品中正制。豪强贵族依靠门第血缘关系坐拥官职。而隋炀帝的开科取士制度大大推动了中华传统文化的传播和发展，实现了对中国社会阶层的有效整合。

我国福建省福州市有一个有名的三坊七巷，是福州老城区的遗留部分，堪称福建的历史之根和文化之源，最早形成于晋唐时期，历经千年发展到清末民初已经成为福建最重要的贵族和士大夫聚集地。由于"五胡乱华"——匈奴、鲜卑、羯、羌、氐五个少数民族相继入主中原，在长江以南建立一系列的小国，史称"五胡十六国"——西晋文人士大夫为躲避战乱衣冠南渡，这些大贵族中以王氏兄弟王导、王敦为首，拥立晋朝的宗

---

① 陈寅恪.魏晋南北朝史讲演录[M].贵阳：贵州人民出版社，2014：38—46.

室琅琊王司马睿在建康登基，建立了东晋政权，东晋政权相对于江南的西晋来讲，有些外来政权的味道。晋元帝司马睿在南京待得心里不踏实，因为这地儿不是他自己的，而是东吴孙家的。为了得到中原大族和江南大士族的支持，拉拢王、谢、袁、萧中原四大氏族和顾、陆、朱、张江南四大家族，构成了东晋政权的统治基础。"朝廷的中书令尚书令太尉等高阶要职几乎都被这八大贵族世代把持，高门大姓的子孙子侄辈中好多都是世世代代沿袭高官。"① 所以这些人就形成了一个特殊的门阀阶层，叫作"士族"。他们跟皇上共治天下，皇上是"坐皇帝"，士族为"站皇帝"。

中国从魏晋开始实行"九品中正制"，把每个地方的人才分为九个品级，评定的权力在"中正"手中，然而，士族出身的"中正"是不会把庶族人家的孩子评为上品的，长此以往，士庶之分愈加明显。于是士庶两族不通婚、不往来、不能穿相同的衣服，坐在一块儿都不能坐同一张席子，甚至士族在行走的时候不允许庶族踩到自己的影子。

有这样一个故事，说是南朝时期刘宋王朝建立后，

---

① 雷家骥. 隋史十二讲 [M]. 北京：清华大学出版社，2012：325.

有一位皇帝，他的舅舅姓路，想要去拜访王姓大士族，他的外甥皇帝就跟他说不要去自讨没趣，因为人家是士族，你是庶族。但自以为是的路国舅非要前往。到目的地自报家门后，士族的仆人让其等了两个时辰才唤其到屋内等候，也没人招待，又等了好几个小时后又被主人叫到卧室，主人躺在床上好久才翻身坐起来发现这位路国舅，顿时惊讶不已，于是急忙让仆人给路国舅一个胡床坐下。王大士族问他："你是谁，姓什么？"路国舅回答完，士族主人接着问："原来我们府上有一个养马的仆人叫路伯之，他是你什么人？"国舅爷回答说："那是我爷爷。"王大士族一听火冒三丈："什么时候养马人的孙子配进我屋了，轰出去！"国舅爷被轰出去了，刚要走，就听见王大士族说："把他坐过的胡床拿出去烧了。"路国舅回来就向自己的外甥皇帝哭诉，皇帝说："你活该，我不让你去你非要去。"

　　从小故事中可以看出，这些士族从小就高官得坐，锦衣玉食。其实晋武帝本身就是一个官二代，不像其他王朝的开国皇帝那样有雄才大略，他之所以能完成统一，是因为吴国的末帝孙浩还不如他，一筐烂柿子里捡一个不太烂的。史书记载，晋武帝司马炎后宫有 9000 宫女，他挨个宠幸一遍需要 30 多年，巡幸时就让羊拉着车四处乱跑，羊车停到哪位嫔妃的宫门前，皇帝就进哪个嫔妃的门。有些嫔妃很聪明，在羊车经过的路上撒上蘸了盐水的青草，羊就循着青草来到自己的门口。

晋朝实际上在第二代皇帝的时候就已经分崩离析了。皇帝如此奢侈，士家大族一样也腐朽不堪。晋朝有一个大富豪叫石崇，跟国舅爷王恺，也就是晋武帝的舅舅斗富，国舅爷为了彰显他的财力，用麦芽糖洗锅。在当时，全世界只有中国人能吃到甜食，可想而知麦芽糖多么昂贵。石崇看见后不屑一顾，他直接拿蜡烛当柴火烧。中国古代的老百姓是点不起蜡烛的，没钱的老百姓只能点豆油，点豆油的灯根本就照不亮，所以我们才有"萤囊映雪"这样的故事。王恺一看自己就要输了，就跑出去春游，马车经过的地方，他用40里绸布漫道。石崇见状更夸张，他把50里地围上缎子。王恺几次落了下风，就去找晋武帝哭诉，对皇帝说："我是你的亲舅舅，却斗不过石崇那土财主。"晋武帝就给了他一件好东西——红珊瑚树，放在今天，价值至少100万元人民币，王恺信心满满地将这一尺高的红珊瑚树摆到石崇面前，谁知石崇一看挥起手里的铁如意就把红珊瑚树砸了个稀巴烂，还没等国舅爷缓过神来，石崇把几十株红珊瑚树摆到了王恺面前，任何一株都比王恺的大，石崇还大方地让他随便选一株搬回去。

从这个斗富行为就能看出整个统治集团骄奢淫逸，经常有人说魏晋风度让人向往，还很是欣赏魏晋潮人宽袍大袖、峨冠博带在竹林当中穿行、引吭高歌的生活方式。其实这种生活方式的形成，一是因为士族集团平日里无所事事、骄奢淫逸、放荡不羁；二是因为他们喜爱服用一种用雄黄、硝石等原料配制而成的叫五石散的丹药，人吃了会感觉浑身燥热。从魏晋南北朝时期开始，贵族饮茶之风逐渐兴盛起来。因为他们无所事事，经常聚会畅谈，就用茶来防困提神。当年的士族们就在燥热的夜晚来到这三坊七巷挥金如土，不务正业，流连忘返。

现在为人熟知的是东晋著名大书法家王羲之的书法，影响深远，风格平和自然，笔势委婉含蓄，遒美健秀。传说王羲之为了锤炼自己的书法功底，时常临池书写，就池洗砚，久而久之，池水变黑，这就是后来人所说的"墨池"的由来。其实，这个励志故事也从侧面印证了士族出身的王羲之，家底殷实。前文提到的他伯父王导、王敦辅佐司马睿建立了东晋政权，当时的口号叫"王与马共治天下"。像士族出身的王羲之这样，能作为后世楷模的只是少数，纨绔子弟们平日里骄奢淫逸、奢侈无度才是他们生活的常态，手不能提篮、肩不能担担，20多岁的大小伙子出门都得让仆人搀扶，可以说，是一帮社会寄生虫在左右着当时南朝社会的政治命运。

在北方，上文提到的"五胡十六国"，这些少数民族政权则在不断发展演变中形成了所谓的"关陇贵族集团"①。西魏、北周、隋、唐四代皇室都出自这个集团。这个贵族集团内部抱成一气，相互通婚，你中有我，我中有你，皇帝是这个集团的总代表，皇室可以是李姓，可以是杨姓，也可以是宇文姓，因为大家都出自这个贵族集团。也就是说，当时的隋唐皇室是有少数民族血统的，他们是一帮汉化的鲜卑人或鲜卑化的汉人。而关陇贵族集团与南方世家大族一样，长期把持政权要职，他们集团内的成员世卿世禄。基于此种现实状况，执掌权柄的皇帝在施政弄权时必须维护这个集团的根本利益，或者说，皇帝政令的颁布推行必须顾及士族阶层好恶。由此可以看出，在隋朝初年，中国南北方社会的基本特征与魏晋南北朝时期相似，即世卿世禄。

士农工商的身份由血缘关系代代遗传继承。隋文帝就想改变这种局面，试图恢复千古一帝秦始皇时期的皇权独大，实现"普天之下莫非王土，率土之滨莫非王臣"

---

① 陈寅恪. 魏晋南北朝史讲演录 [M]. 贵阳：贵州人民出版社，2014：71.

的宏伟愿景。于是，隋文帝就尝试通过采取分科考试的办法来打破士族集团对官职的长久垄断，开始将平民子弟引入统治阶层当中。到了隋炀帝时期，正式设立了"进士科"[①]，这种选官制度从隋炀帝大业元年（605）开始推行，一直到大清光绪三十一年（1905）整整 1 300 年。所以，自隋唐以后中国社会的显著特点就是，士农工商阶层的身份属性相互转换频繁。宋朝时期《神童诗》里写："少小须勤学，文章可立身；满朝朱紫贵，尽是读书人；朝为田舍郎，暮登天子堂；将相本无种，男儿当自强。"[②] 便是对此番景象最生动的写照。

《中国古代职官》一书中详细记载了历代入仕群体中寒门子弟所占比例的变化：西晋 15%，东晋 4%，隋 17.2%，唐 24.5%，两宋 51%。而到了朱明王朝，寒门进士更是占到所有进士总数的 61%。中国古代有一个专有名词叫"天子门生"，指的是参加殿试被录取的进士。当时随着科举取士制度的不断完善，武则天时期发展到由皇帝本人主持殿试，决定读书人的登科入仕，这样的制度设计从根本上消除了魏晋南北朝时期以来世家大族对

---

① 崔瑞德.剑桥中国隋唐史 [M].北京：中国社会科学出版社，1990：246.

② 汪洙.神童诗 [EB/OL].[2018-01-06].http：//bai/ce.so.oom/doc/708868-750412，html.

皇权的威胁，官员的命运牢牢掌握在皇帝一人手中。所以"门阀士族出现于汉朝，在魏晋时期得到一定程度的发展与壮大，南北朝时期这一集团的势力达到顶峰，随后便开始逐渐式微，在武则天登基推行'殿试科'后消亡"[①]，原因就在于科举取士制度的迅速发展打破了世家大族对管制的垄断。我们说，中华文明是唯一没有中断过的文明，因为我们的汉语汉字完整地记录了我们生息繁衍和人世兴亡的过程。而以诗词歌赋和四书五经为主要考察内容的科举取士制度又实现了"夷狄入中国，则中国之"的战略意图。

国学大师梁启超先生，大约在清末民初时提出了"中华民族"的概念，中华民族最终形成时期是清朝初期，此时的中华大家庭的特征就是疆域广阔、民族众多。努尔哈赤的子孙在入关后采取了相对前朝较为开明的治国之策，在少数民族地区采取"全其部落，顺其土俗，兴灭继绝"的治理策略，比如在藏区延续数百年的活佛喇嘛统治模式，承认他们的宗教首领身份；在西藏和蒙古草原部落地区则继续推行汗位册封制度和"金奔巴瓶"；在汉族族群聚居区则把隋炀帝以来推行的科举选官制度

---

① 雷家骥. 隋史十二讲 [M]. 北京：清华大学出版社，2012：225.

推到了一个前所未有的高度。统治集团此举固然是想通过科举取士笼络汉族士人，巩固政权，但这也在客观上推动了中华文化的传播和发展。

清太祖努尔哈赤熟读《三国演义》，汉学功底深厚，他的皇子皇孙们也个个是同时代读书人的典范和楷模。比如嘉庆皇帝在他虚龄5岁时，每天凌晨四五点钟就驻足养心殿开始读诗书，这一读书学习的状态一直坚持到35岁被册封"嘉亲王"为止才算学成毕业，所以嘉庆帝对于满蒙汉三族语言，那是滚瓜烂熟。可以说清朝贵族的皇子皇孙们，个个扛起了复兴汉学的重担。在北京的国子监博物馆里，对有清近300年来高中状元之人的门第出身做了一个较为详细的统计，其中平民出身的状元占比49%，来自官宦贵胄人家的占比51%。农家子弟通过努力研读古代汉学经典跻身士大夫统治集团的比例在加大，意味着中华传统文化在民间社会的流传范围也在扩大，中华传统文化贯穿于科举取士制度的始终。

隋炀帝在位14年，三巡突厥、三抚琉球、三伐辽东、西巡河右、和亲高昌，短短6年完成了建东都、挖运河、修驰道、筑长城。但我们也要看清楚，隋炀帝常年役使的人口有几百万人，对当时的生产力造成了极大的破坏，给当时百姓的生产生活带来了巨大的灾难。隋炀帝在通完西域后，把西域的商人招到东都洛阳进行商业往来。为了彰显中原王朝的富强，对西域商人实行食宿全免的怀柔政策；由于时值隆冬季节，万物萧瑟，隋炀帝竟命人用绸缎装饰林木。从财力的角度讲，隋王朝可能是历史上最富庶的王朝政权之一。后来唐太宗说："隋文帝怜仓库不怜百姓。"史书记载，公元612年正月，隋军113万军队乘船跨过黄海征高丽，生还的区区2 700多人。为隋军打造战船的工匠整天泡在海水里劳作，腰部以下腐烂生蛆，所以山东、河南等地百姓才会不堪暴政奋起反抗。

在中国古代，成丁才服兵役和徭役，丁的年龄本来规定是16岁以上45岁以下，但隋炀帝为了开挖运河需要更多的人力，就将成丁年龄范围修改为15岁以上50岁以下。他除了征调360万人开凿运河，还让每五户人家出一个人为这些民夫做饭，同时让一个叫麻叔谋的酷吏监管这项工程，命令5万兵士手持木梃监工，结果一年之后，据说360万人中，因疲劳致死或被折磨致死的高达250万人，再加上200多万人征高丽、200万人建东都、几十万人修驰道，不计其数的壮年劳力死于沟壑。

隋炀帝开通大运河之后组织的数次规模宏大的南巡，可谓穷奢极欲、骄奢无度。数千艘船组成的船队绵延二百里，隋炀帝和皇后萧氏两人的座船是两艘四层楼高的大龙舟，皇室贵族、宫娥才女、嫔妃百官全都随皇帝南巡，甚至连隋炀帝的兄弟越王杨秀这样的政治犯都随杨广一同南巡。如此浩大的巡游规模无疑给老百姓造成巨大的负担，沿途州县的老百姓饥寒交迫食不果腹，却要为其供应饮食；大龙舟走到浅水处需要民夫拉纤，1 080名纤夫身穿统一制服，分成3组，每组360人，一同使劲将杨广的大龙舟拉往水深之处，他们甚至还要求艳丽的女子也要拉纤，这些女子被称作"殿脚"。据说杨广在舟中看到一位殿脚女叫吴绛仙，感觉此女美如天仙，当即纳为嫔妃。隋炀帝曾得意扬扬地跟臣子讲："人言秀色可餐，如绛仙者可疗饥也。"如此规模的巡幸导致悲歌四起、民怨沸腾。我们说，昏君身旁必然伴随着佞臣。有一个何姓奸臣给杨广出谋划策说：为了展现天子的威仪，应该用美丽的羽毛装饰仪仗，隋炀帝闻后随即要求臣子敬献珍稀飞禽的羽毛，据说隋炀帝所到之处飞鸟灭绝。史书上记载，有一次在浙江湖州高百尺的大树上停有仙鹤，没等臣子爬树取毛，仙鹤为了保住窝里幼鸟，主动拔下自己身上的羽毛扔向奸臣。无耻文人还借题发挥说："天子需要羽毛，连仙鹤都能善解圣意，此乃国家祥瑞之兆。"臣子不能匡正君主之得失，隋炀帝就在不归之路上越走越远直到最后的灭亡。

前文提到隋炀帝之所以要开科取士，目的就是对抗关陇贵族集团。这样一来关陇贵族集团就不干了。看到关陇贵族集团对自己的敌视，隋炀帝采取的措施竟然是离开长安赴洛阳。但关键是，跟随杨广移居洛阳的满朝文武官员都出自关陇集团，隋炀帝干脆直奔扬州另立朝廷，大量起用南方士人。甚至皇后都不再像以前的君主那样在关陇集团内遴选，而是娶南方萧氏贵族之女。杨广的种种举措都说明他在一步步与北方世家大族决裂。隋炀帝在位14年，绝大部分时间在扬州度过，因为相比于当时已经不可控制的中原地带，南方显得十分岁月静好。这让隋炀帝有了长居于此的心思。但求死看扬州月，不愿生归驾九龙。但他没有考虑到，领兵将帅都出自关陇贵族集团，跟随他来到江都的北方将士思乡心切、水土不服，果然，不久便不断出现逃亡兵士，隋炀帝只知道残酷镇压、连坐问罪，最终大家都受不了了，在皇宫大殿上活活勒死了杨广。据说隋炀帝临死之前都有预感，早上起来边照镜子边感叹："大好头颅，不知谁将斫之？"谁能想到，堂堂一代帝王，最终落得个"君王忍把平陈业，只博雷塘半亩田"。

隋文帝给他的二世皇子留下了雄厚的物质基础：计

天下储积，得供五六十年。[1]但是由于杨广在位的十几年里横征暴敛，结果天下骚然，大好河山断送他人之手。从李唐王朝建立一直到贞观年间，都还在收拾隋炀帝留下的烂摊子。"大业年隋炀帝继位时全国在册人口约 4610 万，结果到唐高祖武德年间全国在册人口只剩下约 1500 万，人口损失了三分之二。"[2]当然，损失的人员中不排除有逃往别地而无法统计的情况，但这也表明隋朝暴政对百姓和社会造成的危害是极大的。从今天看，隋炀帝的文治武功对于后世的贡献，可谓功在千秋，但对于当时的隋朝老百姓来讲，真的是罪在当代。

古往今来，多少气吞山河的丰功伟业，在时间的涤荡下都灰飞烟灭；又有多少坚如磐石的帝王基业，在历史的冲刷下土崩瓦解。而这条流淌了上千年的涛涛巨流依然在向世人诉说着曾经的盛世繁华和古代劳动人民的妻离子散。真可谓"滚滚运河水，殷殷百姓泪"。隋炀帝的所作所为很像当年的秦始皇，两个王朝的命运也惊人地相似：完成国家的大统一，二世而亡。纪录片《大隋风云》中的主题曲歌词十分准确地总结了隋炀帝的一生：

---

①　马瑞临.文献通考 [M].北京：中华书局，2011：203.

②　崔瑞德.剑桥中国隋唐史 [M].北京：中国社会科学出版社，1990：256.

"文质彬彬，威风凛凛。只道是并吞八荒，功盖万古；横槊赋诗，笑傲前尘。却不料，南征北战竭民力，予雄予智失民心。眼看着，如画的江山都丧尽，好头颅也与那肝胆分。只落得，一代英雄归黄土，几行烟柳掩孤坟。这才是，运河悠悠连今古，载舟覆舟俱凡人。"[①]

哈佛现任校长在 2017 年 8 月 29 日的新生演讲致辞中引用哈佛艺术与科学学院已故的前任院长杰里米·诺尔斯对高等教育的宗旨："教育的目标是确保学生能辨别'有人在胡说八道'。正确的教育应该是一个提高认知能力的漫长过程，以便我们变得足够有智慧，能够摧毁那些因拒绝改变倾向而被保留的错误想法。"所以，作为青年学子人生路上的领路人，引导他们褪去脸谱化的思维模式，努力去伪存真、由表及里，才能尽可能勾勒出一个相对客观真实的丰满历史人物形象。这也是需要具备"独立之精神，自由之思想"的青年一代应当具备的人文素养。

---

① 蒙曼.蒙曼说隋：隋文帝杨坚 [M].南昌：江西人民出版社，2011：178.

参考文献

[1] 杨远.西汉至北宋中国经济文化之向南发展 [M].台北：商务印书馆，1991.

[2] 王国维.一个人的书房 [M].北京：中国华侨出版社，2015.

[3] 陈寅恪.陈寅恪文集 [M].上海：上海古籍出版社，1981.

[4] 杜新庆.美国中国学家刘子健研究 [M].上海：华东师范大学出版社，2015.

[5] 马润潮.西方经济地理学之演变及海峡两岸地理学者应有的认识 [J].地理研究，2004.

[6] 脱脱.辽史 [M].北京：中华书局，1996.

[7] 顾炎武.日知录：卷十三 [M].北京：中华书局，1996.

[8] 李梦生.左传译注 [M].上海：上海古籍出版社，1998.

[9] 钱穆.国史大纲 [M].北京：商务印书馆，2010.

[10] 梁启超.饮冰室合集 [M].北京：中华书局，1989.

[11] 刘昫.旧唐书·魏徵传 [M].北京：中华书局，2000.

[12] 张载.张载集 [M].北京：中华书局，1987.

[13] 辛弃疾.稼轩长短句.北京：北京联合出版公司，2016.

[14] 陈伉. 古诗三百首 [M]. 呼和浩特：远方出版社，2019.

[15] 顾禄. 清嘉录 [M]. 北京：中国商业出版社，1989.

[16] 朱长文. 吴郡图经续记 [M]. 南京：凤凰出版社，1999.

[17] 诸葛忆兵. 宋词三百首 [M]. 哈尔滨：北方文艺出版社，2020.

[18] 唐寅. 唐伯虎诗文书画全集 [M]. 北京：中国言实出版社，2015.

[19] 丁方晓，曾德明，杨云辉. 全唐诗. 长沙：岳麓书社，1998.

[20] 仇兆鳌. 杜少陵集详注. 北京：北京图书馆出版社，1999.

[21] 王寿南. 隋唐史 [M]. 台北：三民书局，1986.

[22] 崔瑞德. 剑桥中国隋唐史 [M]. 北京：中国社会科学出版社，1990.

[23] 马瑞临. 文献通考 [M]. 北京：中华书局，2011.

[24] 孙洙. 唐诗三百首 [M]. 北京：人民文学出版社，1959.

[25] 陈寅恪. 魏晋南北朝史讲演录 [M]. 贵阳：贵州人民出版社，2014.

[26] 雷家骥. 隋史十二讲 [M]. 北京：清华大学出版社，2012.

[27] 魏徵. 隋书 [M]. 北京：中华书局，2019.

[28] 蒙曼. 蒙曼说隋：隋文帝杨坚 [M]. 南昌：江西人民出版社，2011.

[29] 保罗·肯尼迪.大国的兴衰 [M].北京：国际文化出版社，2006.

[30] 费正清.剑桥中国晚清史 [M].北京：中国社会科学出版社，2012.

[31] 张鸣.重说中国近代史 [M].北京：中国致公出版社，2012.

[32] 张英.世家 [M].上海：上海书店出版社，2011.

[33] 蒋廷黻.中国近代史 [M].上海：上海古籍出版社，2001.

[34] 张鸣.梦醒与嬗变：戊戌百年沉思 [M].北京：燕山出版社，1998.

[35] 清华大学校史研究室.清华大学史料选编（第三卷）[M].北京：清华大学出版社，1994.

[36] 梁启超.李鸿章传 [M].南京：江苏人民出版社，2015.

[37] 谢泳.西南联大与中国现代知识分子 [M].福州：福建教育出版社，2016.

[38] 孟子.孟子 [M].北京：中华书局，2012.

[39] 孙武.孙子兵法 [M].北京：中华书局，2006.

[40] 南炳文，汤纲.明史 [M].上海：上海人民出版社，2012.